Haffmans' Helfende Hand-Bibliothek

ARNO SCHMIDT

Der Platz, an dem ich schreibe

17 Erklärungen
zum Handwerk
des Schriftstellers

EINE EDITION DER
ARNO SCHMIDT STIFTUNG
IM HAFFMANS VERLAG

Erstausgabe, gesetzt
nach den Originaltyposkripten
des Verfassers, herausgegeben
von Bernd Rauschenbach.
Einbandzeichnung von
F. W. Bernstein.

Produktion und Gestaltung:
Urs Jakob, Haffmans Verlag AG, Zürich
Satz: LibroSatz, Kriftel
Herstellung: Offizin Andersen Nexö, Leipzig
ISBN 3 251 00220 1

Inhalt

BERECHNUNGEN

»Was ›neue Prosaformen‹ ? Wir
haben doch den Roman !« –
»Warum neue Wasserfahrzeuge ? :
haben wir nicht das Floß ?«

§ 1

Unsere gebräuchlichen Prosaformen entstammen sämtlich spätestens dem 18. Jahrhundert; seitdem ist kein Versuch zur systematischen Weiterentwicklung unternommen worden (abgesehen von einigen zerfahrenen Ansätzen im Expressionismus). Man sehe zu, daß die sprachliche Beschreibung (= Voraussetzung jeder Art von Beherrschung) unserer Welt – von einer sprachlichen Enthüllung souveräner Art einmal ganz zu schweigen – gleichen Schritt hält mit ihrer, zumal technisch-politischen Entwicklung; unsere Gefahr hier zur passiven formica sapiens zu werden ist größer, als die der Atombombe.

§ 2

Ort, Zeit, Handlung werden zunächst als primäre theoretische Elemente eines jeden Themas betrachtet, ohne nach Inhalt oder Färbung einer bestimmten Fabel zu fragen.

Diese Elemente können einmal in der »Einheit« vorkommen (wobei ich die Quanten etwas

7

größer als üblich ansetze; z. B. bedeutet im Folgenden auch eine Woche noch »Zeiteinheit«); oder aber in gleichberechtigter »Mehrheit«. Ich verweise ausdrücklich auf die sich so ergebenden 8 Kombinationen; nämlich :

		I Handlung	mehrere Handlungen
I ORT	Zeiteinheit	1	5
	Zeitmehrheit	2	6
MEHRERE ORTE	Zeiteinheit	3	7
	Zeitmehrheit	4	8

Jeder dieser Möglichkeiten 1–8 entspricht ein bestimmter Themenkreis; jeder Themenkreis hat seine optimale literarische Erledigungsform.

§ 3

Ich fürchte, es ist nötig, erläuternde Beispiele zu geben; also :

a) Nr. 8 (mehrere Orte, große Zeiträume, verschiedene gleichwertige Handlungen) entspricht dem Themenkreis : Zeitschilderung; also historischer Roman, gleichgültig ob Vergangenheit, Gegenwart oder Zukunft. Optimale Erledigung : Briefroman. Praktisches Beispiel : Wieland, Aristipp.

b) Nr. 3 (Einheit der Handlung und der Zeit;
   aber mehrfache Verschiebung des Ortes) entspricht dem Themenkreis : Reisen (im aller-
   weitesten Sinne). Die optimale Erledigungsform ist die des »Fotoalbums«. Beispiele :
   Schmidt »Umsiedler« oder »Pocahontas«.

§ 4
(Kurze Begründung, warum die angegebene Er-
ledigungsweise als die optimale erscheint :
Zu a) Die Briefform läßt nicht nur den Gebrauch des Präsens zu, als des eindring-
   lichsten Tempus, das dem Leser die
   schnelle Identifizierung mit den Handelnden erleichtert; sie ermöglicht weiter
   die ungezwungene Wiedergabe der Denkweisen, in feinster psychologischer Ver-
   trauensstaffelung je nach Adressat, und
   Schilderungen, unmittelbar unter dem
   Diktat der Ereignisse niedergeschrieben.
   Außerdem ist sie die glaubwürdigste, or-
   ganischste Verbindung mehrerer Orte. –
   Man urteile nach dem angeführten Beispiel, und arbeite es sorgfältig durch. Ein
   Hinweis hierfür : um den »Helden« so
   schnell und gut wie möglich kennenzuler-
   nen : was muß der erste Brief sein? Von
   wem ? Natürlich ! Aber an wen ? Eltern ?

Lehrer? Geliebte? Bei all diesen »frisiert« man seinen Charakter; es bleibt nur der Freund: und also schreibt Aristipp zuerst an Kleonidas in Kyrene! usw. usw.

Zu b) Das »Fotoalbum« ermöglicht nicht nur die vom Themenkreis geforderte scharfe Einstellung einzelner Bilder, sondern sie gibt auch den Prozeß des »Erinnerns« präzise wieder! Man »erinnere« sich eines beliebigen Komplexes, sei es »Kindheit«, »Sommerreise«: immer erscheinen zunächst zeitrafferisch einzelne, sehr helle, Momentaufnahmen (= Bilder) um die herum sich im weiteren Verlaufe der »Erinnerung« dann ergänzend erläuternde Kleinbruchstücke (= Texte) stellen: eine solche Kette von Bild-Text-Einheiten ist das Endergebnis jedes bewußten Erinnerungsversuches (vgl. auch § 3). Und genau das wurde in den angeführten Beispielen literarisch fixiert. – Daß mein Verfahren richtig ist, belegen mir auf frappanteste Weise z. B. alle Selbstbiographien, ich greife nur den unnachahmlichen Kügelgen heraus, ihn, weil sein unvergleichliches Malerauge (= Bild!) diese Perlenschnur von Miniatüren aneinanderreihte, und er vor allem ehrlich genug war, auch äußerlich lauter kleinste Abschnitte zu machen (obwohl jedes seiner winzigen Kapitelchen meist auch noch ein halbes Dutzend »Aufnahmen« enthält). Goethe andererseits hat mit seinem üblichen formlosen Prosabrei alle Suturen verschmiert.)

§ 5

Als wichtigste Handübung gewöhne man sich an, seine Prosa zu »dehydrieren«; d. h. aus der Fabel alle sekundären, schildernden Elemente auszustreichen : es gibt gar keinen »epischen Fluß«. Jeder vergleiche sein eigenes beschädigtes Lebensmosaik; die Ereignisse springen : grundsätzlich ergibt sich durch unsere mangelhafte Gehirnleistung mit ihrem »Vergessen« eine poröse Struktur unseres Daseins : die Vergangenheit ist uns immer ein Rasterbild. (Vgl. hierzu wieder oben, § 4). Als Beispiel hierfür verweise ich auf meine Trilogie »Faun, Brand's Haide, Schwarze Spiegel«, als konkreten Ausdruck solch löchrigen Lebens. Pointilliertechnik. Schon sie, konsequent geübt, ergibt, wie ich in dieser einen meiner Versuchsreihen praktisch bewiesen habe, eine »Neue Form«.

§ 6

Zur Sprache nur dieses :

Meine wäre »künstlich« ?

Es ist lediglich die Sprache, alles herkömmlich Formelhaften entkleidet. Alle Wortmatrizen sind weggeworfen; Substantiva paaren sich nicht mehr nach BGB mit Verben; kein Duden kommandiert; nur Rhythmus, untadelige Metapher, exakte erschöpfende Freimachung von bisher mit platten Wortbinden Umwickeltem; Konsonanten und Vokale stehen wieder zur beliebigen individuellen Verfügung.

(Genau das ist der Sinn meines Absatzes, Brand's Haide, S. 177

Mond: als stiller Steinbuckel im rauhen Wolkenmoor. Schwarze Spiegel lagen viel umher. Zweige forkelten mein Gesicht und troffen hastig. (»Hat viel geregnet« heißts wohl auf Einfachdeutsch)

Konnte ichs noch deutlicher sagen ? Es war dasselbe wie eben zuvor; aber man hat mich, wie billig, nicht verstanden. Bei uns muß man zu etwas Gutem, das man gemacht hat, auch noch die Methode angeben.)

§ 7

Was ist eigentlich Interpunktion ? : Keile, Striche, Bogen, Punkte, zur Akzentuierung, Darstel-

lung von Pausen verschiedener Länge, Definie-
rung von Stimmlagen, Hebung und Senkung.
(Ärmlich nebenbei noch; es wären neue, zu
vereinbarende Zeichen, dem Schreibenden bitter not!). Instrumentation der Perioden also,
nichts weiter, und dem Schriftsteller zur Ver-
deutlichung seiner Meinung frei in die Hand
gegeben : ihm »Regeln« für ihren Gebrauch vor-
schreiben wollen, ist unzulässige Einmischung
seitens der Germanisten.

§ 8

Auf eine Verwendungsart sei besonders hinge-
wiesen, die in Kurzformen von Wichtigkeit
wird : man kann damit stenografieren ! z. B. es
erscheint irgendwo dieser Satz :
 »Kää-te !« : – : Sie sah herüber : ?
Im »alten Stil« hätte dafür etwa stehen können :
 Er rief laut ihren Namen: »Käthe !« Schon
 nach ein paar Augenblicken hatte sie ihn ent-
 deckt, sah herüber und fragte zurück : »Was
 gie-hiebts ? !«.
Für den ganzen letzten Teil dieses Gelalles schreibe man einfach »: ?«; es besagt genau dasselbe !
Bei einiger Übung im Lesen sieht man gültig das
neugierig geöffnete Gesicht der Gefragten; mehr
noch : man hört keine notdürftig gewortete
Frageformel, sondern »die Frage« schlechthin.

Das ist bei dem durchschnittlichen stereotypierten winzigen Wortschätzchen auch wichtig, um erst einmal zur Loslösung von der konfektionierten Vokabel zu kommen.

Weitere Beispiele stehen ausreichend überall in meinen Büchern.

§ 9

Die Fabel an sich ist in solchen, dem rein Formalen, gewidmeten Experimenten belanglos. An sich ist sie hier lediglich der Haken, an dem das formale Gewand (aus originellem Sprachgewebe) aufgehängt wird.

Man gewöhne sich daran, Ansichten, auch politische, literarische Urteile etc., für nicht mehr zu nehmen, als sie sind : Meinungen des Verfassers : jeder Leser kann seine eigene haben, s'il vous plait ! Es ist »an sich« völlig gleich, ob der Dichter Stalin preist oder Eisenhower, Homer oder Karl May (den letzten christlichen Großmystiker nebenbei !), Heiligen= oder Mammutknochen (was sogar nicht einmal immer voneinander verschieden ist, vgl. Othenio Abel) : entscheidend für den dichterischen und den Lehrwert sind an sich nur Form und Sprache!

§ 10

Natürlich wird sich jeder literarische Experimentator von selbst bemühen, seine Theorien an möglichst eindrucksvollen Beispielen vorzuführen; der Leserfantasie starke Injektionen zu machen. So habe ich mir etwa, gewitzigt durch vielfältige historische Studien und Arbeiten, vorgesetzt, unter anderem auch ein Bild meiner Zeit zu entwerfen : wie es sich *mir* darstellt; selbstverständlich ! (Wenn man dann 20 solcher »einseitigen« Beobachtungen nebeneinander hält, hat man auch ein Erdbild; ein Globus wird ja wohl sogar nur aus 12 Streifen zusammengesetzt). Ich sah die Notwendigkeit solcher Zeitdarstellung ein, als ich mich vergebens bemühte, aus den »Meßtischblättern« der Historiker mehr als nur Entfernungen (= Daten) abzugreifen : da mußte ich sogleich Zuflucht zum Anton Reiser nehmen, zu Rist, Ned Myers, und dem Biografienorchester der unvergleichlichen »Insel Felsenburg.«

Aus solchen Bemühungen entstanden »Umsiedler«, »Leviathan«, die »Brand's Haide«-Trilogie, u. a., die bessere und getreuere Sach- und Gedankenporträts sind, als man scheinbar gemeinhin anzunehmen geneigt ist.

(Man werde vor allem freier und natürlicher.
Man gebe die »Unendlichkeit« auf für die End-
lichkeit; eine gutgemalte Katze ist mehr wert, als
der erhabenste Seraf. Der Mensch sei wieder eine
Tierart in jeder Hinsicht; die listigste, gewiß;
aber man lasse alle göttlichen Ambitionen aus
dem Spiel : es waren ihrer schon verwirrend zu
viele da (und mit was für Ansprüchen meist!).

Themen fehlen nie ! Es gibt so viele Beleuchtungen für die Dinge, so viel Blumensorten; täglich werden neue Technika erfunden; es ist
tatsächlich noch gar nichts erschöpfend geschildert; weder Protuberanzen am Sonnenrand (in
der roten Wasserstofflinie : und was sind das für
lautlose Schauspiele !) noch die neuen elektri-
schen Rasierapparate, und was meine Haut so
dabei fühlt. (Nicht etwa, daß diese Erscheinungen gleichwertig wären : aber nichts davon ist
bisher gut beschrieben ! Protuberanzen in ruhiger Stimmung gesehen : Protuberanzen in erreg-
ter Stimmung gesehen, eh ? !). Essays sollte man
erst verfertigen, wenn man nischt anderes mehr
kann : also gleich aufhören jetzt !.

Ich setzte diesen § in Klammern, weil es auch
wieder nur eine »persönliche Meinung« ist !)

§ 12

»Für wen schreiben Sie als Schriftsteller denn ? !
Nicht für Leser ? Warum denn dann überhaupt ? !« – mit diesem triumphierenden Blöd-
sinn (basierend auf »Brand's Haide«, S. 255) hat
man mich nun in Ost und West lange genug »wi-
derlegt« ! Ich frage zurück : Der Lehrer soll das
Volk bilden ? : schon recht !!! Wer aber bildet den
Lehrer ? !

§ 13

Also ausführlich : in den Wissenschaften hat man
sich bereits, wenn auch widerwillig und oft genug noch heute kopfschüttelnd, in Jahrhunderten endlich gewöhnt, die »reine« von der »angewandten« zu trennen. Hat eingesehen, daß
rundherum verbohrte Pioniere auf schmalen
Einmannpfaden in die Wildnis der Welt eindrin-
gen müssen : selbst wenn der lange Weg mitten in
einen Sumpf führte, weiß man jetzt wenigstens,
daß da einer ist ! Der »Höhere Mathematiker«
hat in seinem Fach keinerlei Verbindung mehr
zum »Volk«; der »einfache Mann« steht ihm wie
ein Neger gegenüber. Dennoch ist die Arbeit des
Professors unerläßlich; denn seine Schüler, die
Techniker, die »Angewandten«, bauen daraus
Brücken und Atombomben.

Man lasse doch endlich dem Wortwissen-

schaftler die gleiche Gerechtigkeit widerfahren !
Und teile sie getrost ein in die »Angewandten« mit Breitenwirkung, und die »Reinen« Ex-
perimentatoren ! Es würde sogleich Alles so einfach ! : die Ersteren schrieben für »die Leser«,
»das Volk« – die Letzteren für sich untereinan-
der, und ihre evtl. Schüler, die »Angewandten« !

Allerdings ist Eines hier noch zu sagen : man
besolde von Staats wegen die »Reinen« dann
auch, etwa ebenso wie die Universitätsprofesso-
ren; es werden wenig genug sein. – Wie lange
mag es dauern, ehe sich die hier klar ausgesprochene Erkenntnis Bahn gebrochen hat ? Lange
sicher. Deshalb : wenn »das Volk« eine Differen-
tialgleichung sieht, erschrickt es des Todes und
ehrt das verrückte Unbegreifliche; diesen Vorzug
hat auch eine Opernpartitur. Aber Worte ?
Buchstaben ? Beherrscht sie nicht Jeder ? ! Hat
doch Jeder selbst Lesen und Schreiben gelernt;
ausführlich in der Schule ! Kann also auch ur-
teilen, he ? ? ! ! –

§ 14

So seht Ihr aus ! !

GESEGNETE MAJUSKELN

Nicht ohne Widerstreben und der Mißdeutung fast gewiß, spreche ich meine Ansichten über Rechtschreibung öffentlich aus; zumindest bitte ich, sich jederzeit gegenwärtig zu halten, daß ich – fast von jeder Seite ohne Zögern als »Avantgardist« eingestuft – seit Jahren das vergipste Gravitationszentrum des Gebrauchsdeutschen verlassen habe, und bewußt in den Randgebieten und Bayous unserer Sprache neue Wege suche (oder präziser : bahne). Ich gehe hier also lediglich vom Standpunkt des Pioniers aus, der Worte nicht nur verwendet, um beim Bäckerjungen verständlich seine Morgensemmel zu bestellen; sondern um die Fülle der Erscheinungen linguistisch einzuholen, sie immer überlegener zu benennen (also zu beherrschen !) und Neues sichtbar zu machen. –

Die Großschreibung der Substantive im Deutschen ist nicht nur philosophisch eine Feinheit und ein Vorzug; sondern mir auch handwerklich unerläßlich. Ich schrieb einmal – ein Beispiel statt vieler – etwa so : »Winterwälder : sie machten öde Ringe um die aschengrube Welt.« Nur durch die im Deutschen mögliche Unterscheidung durch große und kleine Anfangsbuchstaben konnte ich unverwechselbar festlegen, daß ich »aschengrube« hier als Eigenschaftswort gesehen wissen wollte ! Man schreibe in dem angeführten Satz sämtliche Worte klein : und ich scheine von einer Aschengrube, Welt genannt, zu sprechen – was zwar auch einen Sinn ergiebt, aber nicht den von mir gewollten. (Ich weise ausdrücklich darauf hin, daß diese adjektivische Verwendung von Substantiven keine Spielerei darstellt; ein Substantiv ist nämlich bereits ein ganzes Bündel von Eigenschaften und löst vermittels *eines* Wortes – und also viel rascher, also suggestiver, als mehrere Adjektive dies vermöchten – das gewünschte kompliziert=volle Bild im Leser aus).

Außerdem wird durch unsere gesegneten Majuskeln die Orientierung im Satz so sehr erleichtert, daß man, anstatt sie abschaffen zu wollen, lieber den anderen Sprachen ihre Aufnahme anempfehlen sollte.

Eine phonetische Schreibweise lehne ich für mich ebenfalls ab. Einmal, weil man dadurch die meisten Worte gewaltsam von ihrem historischen Ursprung abtrennen, und damit eine Fülle von Reminiszenzen und Assoziationen vernichten würde; zum zweiten, weil man dadurch den Dialekten – diesem unschätzbaren Quell= und

Grundwasser jeder Sprache – den wohl endgül-
tigen Todesstoß versetzen würde (man hat
scheinbar an den verheerenden Folgen des dro-
henden Verlustes unserer Ostdialekte noch nicht
genug!); auch könnte man den alten Adelung-
schen Streit, »Was ist Hochdeutsch«, beliebig
erneuern. –

Andererseits sehe ich sehr wohl ein, daß für
»das Volk«, ob In= oder Ausländer, eine Verein-
fachung der Rechtschreibung doch wünschenswert, und im »praktischen Gebrauch« eine
rechte Erleichterung sein könnte; und schlage
zur Lösung dieses Dilemmas folgenden Weg vor:

Seit langem schon hat sich durch die immer
wachsende Ausdehnung jedes Wissensgebietes
zwangsläufig eine Dosierung von Kenntnissen
ergeben. Der Volksschüler lernt wohl »rechnen«;
aber daß $\lim (1 + 1/n)$ hoch n für n gegen
unendlich gleich e ist, weiß er nicht; es interessiert ihn auch nicht, und mit Recht empfindet er
dieses Nichtwissen durchaus nicht als Diffamie-
rung. Für jede andere Wissenschaft (und Kunst)
gilt dasselbe. In der Wortschrift des Chinesischen
etwa, kennt der einfache Mann ein paar hundert
Zeichen; das reicht für seine Zwecke der Verstän-
digung und sogar fürs Zeitunglesen aus; den
Vorrat für seinen speziellen Beruf erwirbt sich Jeder während der Lehrzeit.

Was hinderte auch uns, ein »Tausend-Worte-Lexikon« nach einem international vereinbarten phonetischen Schlüssel zu fixieren? Hier könnte ohne Schaden auch die konsequente Klein-schreibung angewendet werden, die ja wohl fürs Druck= und Schreibmaschinenwesen tatsächlich eine Arbeitsersparnis von gewichtigen Prozenten ergäbe. Dadurch würde nicht nur dem Volke ge-holfen; sondern auch dem Geistesarbeiter – spe-ziell natürlich dem Dichter – die Stelle angewie-sen, die er als »Wortspezialist« seit langem verdiente. In einer solchen Trennung in »reine« und »angewandte« Sprache liegt weder eine Un-gerechtigkeit noch ein Grund zur Beschämung; betrachtet sich der Jodler als deklassiert, weil er keine Opernpartitur lesen kann? Und welche Erleichterung für den Liebhaber von »Lore-Ro-manen«: wenn er versehentlich den »Faust« erwischte, sähe ers sogleich am Druck!

Und umgekehrt!

OH, DASS ICH TAUSEND
ZUNGEN HÄTTE!

Wie gut habens doch die Anderen! Und ich meine jetzt nicht Herrn Lehmann von nebenan;
sondern Maler und Musiker, und ich weiß, was
ich sage. Bild und Tonkunstwerk nämlich sind
international=wortlos auch dem ausländischen
Beschauer ohne weiteres zugänglich, sie bedür-
fen der Übersetzung nicht; die Sixtinische Ma-
donna bliebe sie selbst, gleichgültig ob sie in
Rom, Dresden oder Oslo hinge.

Der arme Dichter dagegen, der sich nicht fröh-
lich an die Sinnlichkeit der gesamten Menschheit wenden kann, bedarf bereits nach wenigen
Meilen der ›Über-Setzung‹ (und schon in diesem
Wort drückt sich die Fährmannstätigkeit, das
umständliche Verladen, hau-ruck, wie die Ballen
poltern, unheimlich genug aus!). Ein Begriff, der
im Deutschen zweisilbig ist, hat im Französi-
schen drei, im Englischen vielleicht nur eine
Silbe; die nächste Sprache umschreibt ihn durch
einen ganzen Satz. Mozartisch heitere Vokale
auf ›e‹ und ›ei‹ werden im Rumänischen zu ma-
kabren Assonanzen auf ›u‹; selbst Eigennamen
bleiben nicht verschont: aus dem Orgelklang

›Polydeukes‹ wird Etruskisch das bucklige ›Pultuke‹; sprechen Sie mal ›Llanwrst‹ aus !

Nun fehlt nur noch, daß der Übersetzer das Handwerk zum blanken Broterwerb hastig nebenher treibt; daß seine Sprachkenntnisse einfach nicht ausreichen; daß ihm – etwa einem Frommen – ein atheistischer Erotiker zugeteilt wurde; oder daß das betreffende Werk in einem entlegenen Lande und vor mehr als einem Säkulum spielt ! Am Schönsten ists natürlich, wenn all das zusammentrifft, und dann ein Lessing genial=grimmig darüber herfällt, über den Herrn Pastor Samuel Gotthold Lange in Laublingen, der vor 200 Jahren den Horaz geschunden hatte; und das unsterbliche ›Vademecum‹ ist ja eines der Paradebeispiele gelehrter Injurie geworden.

Eigentlich hat man bei jedem Buch drei Stadien der Übersetzung zu unterscheiden : zuerst wird es eilfertig hingeschmiert, um nur die Zeitgenossen erst einmal damit bekannt zu machen. Dann, falls das Werk zäheres Leben zeigen sollte, kommen zwei oder drei entrüstete, meist gelehrte, Arbeiter, die die Fehler herausbringen und Anmerkungen machen. Und, wenn es das Glück wirklich fügt, erscheint dann endlich, spät, der kongeniale Übersetzer, ein identischer Geist, der höchstens noch an ein paar Stellen zu übertreffen ist.

Im ersten Stadium trifft man auf die unglaublichsten Sachen : Egg, egg, what lake I ! »Dicker Mist auf dem Flusse« heißt es nicht ein-, nein zwanzigmal, in der deutschen Fassung des alten Amerikareisenden Weld (also »Nebel« natürlich !). Zuerst liest man darüber hinweg, daß in Coopers ›Conanchet‹ das Wappen der Heathcotes überm Kamin »sehr künstlich in zehn Felder eingeteilt« ist; erst dann kommt der heraldische Ruck : gibts denn so etwas ? ! Ein Wappen hat doch höchstens mal 4 Felder! Und wenn man sich die Mühe nimmt, ins Original zu schauen, findet man auch, daß der Schild nur sehr künstlich in »tentstitch« ausgeführt war (und hier ist gleich einmal Gelegenheit, die Güte Ihres englischen Dictionary zu überprüfen : es heißt nämlich »Plattstich«, also Stickerei, und steht sicher nicht drin !) Natürlich muß aber auch der beste Wille daran scheitern, wenn Jules Verne witzig von einem hingestürzten Musiker sagt, er sei »mi sur le do«; also »mis« und »dos«, wie ja all diese Concetti meist nicht wiederzugeben sind.

Wie kinnladig-präzise klingt es aber, wenn der treffliche Lettsom anhebt : »In stories of our fathers / high marvels we are told / of champions well approved / in perils manifold. / Of feasts and merry meetings, / of weeping and of wail, / and deeds of gallant daring / I'll tell you in my tale.«

Aber, wie schon gesagt, selbst die genialsten Übersetzungen sind nie so identisch, daß sie nicht dem Sorgfältigen noch eine kleine Nachernte gestatteten. Die gültige Gestalt, in welcher der ›Don Quijote‹ in das Bewußtsein des deutschen Volkes einging, hat ihm der geniale Ludwig Tieck, selbst ein Dichter höchsten Ranges, verliehen. Sie ist schlechthin nicht zu übertreffen; aber dennoch – und obwohl schon vor ihm das große Buch mehrfach verdeutscht worden war – findet sich eine sparsame Anzahl, zum Teil befremdlicher, Fehler darin. Da heißt es I,2 : »Es sind Autoren der Meinung, daß das erste Abenteuer, das ihm begegnete, das am Hafen Lapice gewesen« (und auch I,8 reiten sie wiederum auf »der Straße nach dem Hafen Lapice«); dabei hätte ein einziger Blick auf die Karte Tieck belehren müssen, daß der Ritter, erst am gleichen Morgen aus der inmitten Spaniens gelegenen La Mancha aufgebrochen, nie in so wenig Stunden die Küste erreichen konnte, und wäre Rosinante ein Auto gewesen ! Im Original steht allerdings »Puerto Lapice«, und puerto kann *auch* Hafen heißen, gewiß; hier aber ist es eine »Porta«, eine Pforte, nämlich ein Paß durch die rund 1000 Meter hohe Bergkette der Calderina, durch den sogar noch heute die große Straße von Vizcaya nach Sevilla führt ! –

Wie wünschenswert wäre es vom Standpunkt des Dichters aus, könnte er – etwa vermittels einer Universalsprache – direkt zur ganzen Menschheit reden. Lassen Sie mich jedoch betonen, daß ich hier nicht etwa dem Esperanto oder ähnlichen traditionslosen Ragoutsprachen das Wort rede : aber es gab schon einmal eine Zeit, wo alles, was in Europa überhaupt las und dachte, sich derselben geschmeidig=konzentrierten Sprache bediente. Wo der Gelehrte in Krakau sich mit seinen Mitstrebenden in Lissabon und Upsala nicht nur ›verständigen‹ konnte, sondern in den gleichen Klängen, den gleichen Begriffen, denselben grammatischen Konstruktionen dachte, so daß eine unmittelbare geistige Berührung international möglich war ! Wo *eine* Sprache gleichzeitig nicht nur die gesamte nennenswerte Literatur der Vergangenheit aufschloß, sondern auch Originalwerke höchsten Wertes aufzuweisen hatte : nennen Sie mich getrost altmodisch : es war das Lateinische ! –

War man früher vielleicht doch schon weiter als heute ?

MAN NEHME . . . .

»Des folgenden Tages« – so erzählt Eukrates im
Philopseudes des Lukian – »da mein Lehrmeister
Geschäfte wegen wieder auf den Markt gegan-
gen war, nahm ich den Besenstiel, kleidete ihn
an, und befahl ihm, nachdem ich die drei Silben
ebenfalls gesprochen hatte, Wasser zu schöpfen.
Er nahm den Krug und brachte ihn voll her.
›Hör itzt auf, Wasser zu holen, und werde wieder
zum Besen‹ sprach ich; aber er gehorchte mir
nimmer, sondern fuhr fort Wasser zu bringen, bis
er das Haus damit überschwemmte. Ich ward
verlegen über den Vorfall, und weil ich besorgte,
(was hernach auch wirklich geschah), Pankrates
möchte böse werden, nahm ich eine Axt und hieb
den Besenstiel entzwei : allein itzt nahm jedes der
Stücke einen Krug und trug Wasser ! – Mit diesem kommt Pankrates, und da er vernommen,
was geschehen, verwandelte er sie wieder in
Holz.« Immerhin hat Goethe zu dem reizvoll-
grotesken Stoff noch die adäquate Form hinzu-
gefügt; aber bedenklich und ernüchternd bleibt
das »Nehmen« immer.

Schon Edgar Poe hat sich tiefsinnig darüber
gewundert, und es mit zahlreichen Beispielen be-

legt, wie gerade die Autoren von großem Ruf es sind, die alte, rare und vergessene Bücher plündern, und hat auch eine Erklärung des so befremdlichen Umstandes versucht. Das wahre Motiv zu der nicht wegzuläugnenden ernüchternden Tatsache scheint dies zu sein : selbst die größte sprachliche Kraft, die übermenschlichste Imagination, sind nach Vollendung eines Kunstwerkes leergeschöpft (das geht so weit, daß man »danach« ausgelaugt dasitzt, und die einfachsten Ausdrücke nicht mehr findet !). Nun sind aber immer Nebenpartien noch unausgeführt; einzelne kleine dumme Lücken zu schließen : offen lassen erträgt das Publikum nicht; vor gleichgültiger Füllung schämt man sich, eitelerschöpft, selbst; rasch vollendet muß das Buch werden : denn man muß ja wie gejagt schreiben, um nicht zu verhungern – und da »nimmt« denn selbst der renommierte Autor seufzend irgendeinen vergessenen, wenn möglich nur ihm bekannten Alten, rutscht mit stumpfen Augen (die schlafen möchten) über die Seiten, und zieht ihm einige Federn aus – so : wieder n Ding fertig ! (Sei mir die Bemerkung vergönnt, daß ich grundsätzlich Wörterbücher zu lesen pflege, um den Wortvorrat wieder aufzufüllen, etwa »Lexer : Mittelhochdeutsch« oder »Avé-Lallemant : Gaunerrotwelsch« usw.).

Keiner hat es anders gemacht ! Es gibt eine auf zehn Bände angelegte Arbeit (P. Albrecht : Lessings Plagiate) wo mit staunenswerter Belesenheit der Nachweis versucht wird, daß Jener »Alles« gestohlen habe; das ist natürlich eine fixe Idee, lieferte aber tatsächlich der Forschung unverächtliches Material, und war äußerst nützlich für die Kenntnis von Lessings »Quellen«. Andererseits hat Lessing in einer seiner blendendsten Kritiken Wielands Drama »Johanna Gray« besprochen, und ausführlich nachgewiesen, wie ein englischer Dichter, Nicolas Rowe, ganze Seiten daraus wörtlich übersetzt hat – erst in den letzten Sätzen kommt er boshaft damit heraus, daß Rowe vierzig Jahre älter sei, als Wieland, also dieser der Dieb !

In Scheffels Meistererzählung »Juniperus« erscheint die unvergleichliche Gestalt der schön=kalten Rothraut, und die viel bewunderte Stelle, wo sie ihrem Anbeter das rote Glas reicht, durch welches sie am liebsten die Lande betrachtet : wild und unheimlich verkehrt sich da alle Farbe. Nur, leider, gibt es beim alten Brockes ein Gedicht »Rothe Glas=Scheibe«, worin dasselbe Motiv in völlig gleichem Sinne verwendet ist (und, zum überflüssigen Beleg, verrät auch Scheffel an anderer Stelle selbst, daß er den hundert Jahre älteren Hamburger sehr wohl gekannt hat). Gerade dieser Brockes ist wahrhaft schamlos »verwendet« worden – wer liest schließlich noch die langweiligen neun Bände des »Irdischen Vergnügens« ? –; selbst der große Gottfried Keller hat ihn im »Schmied seines Glücks« flink benützt.

Die Technik ist nicht erloschen : was meinen Sie wo etwa der endlose Strom all unserer spaltenfüllenden Kurzgeschichten herkommt ? ! Wie da anstatt schottischer Berge, spanische aufsprießen; die Namen werden aus Robin zu Ramon, aus Mary zu Mercedes – und der Absturz kann gleich so stehen bleiben ! Oder, um auch die raffinierteste Tarnungsmöglichkeit zu illustrieren, wo man ein verschollenes Buch in fremder Sprache aus fernem Weltteil »wendet« : erst im vorgen Jahre erschien in den USA der Roman von Phyllis Hastings »Rapture in my Rags«, das wohl am präzisesten (und nicht ohne Bosheit !) mit »Die Vogelscheuche« zu übersetzen wäre. Und es ist recht rührend zu lesen, wie da die verschüchterte, von einem groben Bauern=Vater einsam gequälte Agnes sich in die Vogelscheuche im Maisfeld verliebt – und wie die Kritiker die stolze Autorin des »eigenartigen«, »erregenden«, aber »durchaus überzeugenden« Einfalls wegen entzückt preisen ! Es ist natürlich von amerikanischen Rezensenten, (und, wie ich

fürchte, auch von deutschen) nicht mehr zu verlangen, die 1834 erschienene »Vogelscheuche«
Ludwig Tiecks zu kennen; eins der prachtvoll-
sten Stücke der Romantik, von bizarr-genialer
Erfindung, die grandios-phantastische Verspot-
tung des damaligen Dresdener Literatenkreises :
auch hier verliebt sich die romantisch-kleinstäd-
tische Ophelia in die Vogelscheuche ihres Vaters,
die hier allerdings in einem Erbsenfelde steht :
denn das ist das wahre Kennzeichen des Plagi-
ators, daß er noch Scham hat; und doch so viel
Sinn für Originalität, daß ihm statt Erbsen
Maiskolben einfallen.

DIE AUSSTERBENDE
ERZÄHLUNG.

Alle Dinge unterm Mond haben ihre Zeit; Dinosaurier begannen eidechsenklein, hypertrophierten zu Kirchtürmen, heute sind Krokodile die Reste des Urväterhausrats. Und das hat nichts mit »Mode« zu tun, d. h. mit einer Grille, die irgendeinmal wieder kommen könnte; hier sind Entwicklungsgesetze am Werke, die für eine ganz bestimmte Epoche den ihr gemäßen speziellen Typus schaffen.

Nicht anders ist es mit dem scheinbar Willkürlichsten (weil theoretisch lediglich vom Belieben des Menschen Abhängenden), den literarischen Formen. Ich will als Beispiel nur das Epos anführen : es ist − das beweisen die auch schon verzweifelt raren Wiederbelebungsversuche am allerdeutlichsten − eine ausgestorbene Form. Und völlig mit Recht ! : Die naiv=heroische Vorstellungsart; der auf die Dauer jedem feineren Ohr unerträgliche endlos=gleichmäßig rollende Pumpertakt, der in dem einmal gewählten Versmaß erbarmungslos Liebe und Krieg, Idyll und Mythos, Grob und Fein, durch den gleichen Wolf dreht − in einer Zeit, die den geschmeidig wechselnden Rhythmus, die ebenso fein abstimmbare Vokalharmonie guter Prosa noch nicht kannte (die dazu noch jeden Inhalt aufzunehmen vermag; während ein »Lehrgedicht« über »Die Gasarten« nur als Geschmacksverirrung wirkt!), war das Epos die gegebene Form: es entsprach mit seiner Zaubermaschinerie der volkstümlichen Denkweise, und vermittels Reim und Takt merkte man sich in einer praktisch schriftlosen Zeit mühelos lange Stellen auswendig.

Wir, in den zwei letzten Generationen, sind nun Zeugen davon, wie wiederum eine dichterische Ausdrucksmöglichkeit abstirbt; und diesmal bedauerlicherweise nicht, weil sie etwa den höchsten künstlerischen Anforderungen nicht mehr gewachsen wäre – nein, die Gründe sind so dumm, wie nur »menschenmöglich« – :

Die Erzählung – denn sie ist hier gemeint! – hat den klassischen Umfang von, sagen wir, 50 Druckseiten. Das ist kein Zufall! Der »Ein= Druck« eines Dichtwerkes hängt wesentlich davon ab, daß es weder zu kurz noch zu lang sei. Die wetterleuchtende Kürze ist einer der gewichtigsten Einwände gegen alle Lyrik: man muß den Stempel tief einpressen, damit das Wachs den Eindruck annimmt! Nach obenhin wird die Länge bestimmt durch die begrenzte Aufnahmefähigkeit des menschlichen Geistes für anhaltende subtilste Erregungen – höchstens eine Stunde ! –; und die Rücksicht, auf die optimal zur Verfügung stehende Lesezeit. Dies ist andererseits der Haupteinwand gegen den »Großen Roman«; daß er nicht an einem Abend zu bewältigen ist, und die Tageswelt mit ihren zerstreuenden Anforderungen sich mehrmals dazwischen drängt. Kein denkender Künstler sollte sich aber freiwillig der unschätzbaren Möglichkeiten begeben, die durch ungestörte Einheitlichkeit des Leseeindrucks erreicht werden kann ! Von jeder Seite betrachtet ist also die Erzählung die feinste und idealste aller Prosaformen; mehr noch : aller Literaturformen überhaupt !

Damit dieses Diktum nicht zu gewaltsam klinge, will ich vom Historischen her kurz an die großen Vorbilder erinnern : Poe etwa, der bewußt nur die Erzählung pflegte. Storm, Keller, E. T. A. Hoffmann, Tieck, Brentano, Stifter – und schon aus der bloßen Aufzählung dieser Namen, ergibt sich zweierlei Trauriges : einmal, daß gerade wir Deutschen es waren, denen die Meisterschaft hierin eignete (und das ist rar : denn im großen Roman übertreffen uns die Angelsachsen; in Gereimtem die Romanen, schon wegen des unbestreitbar größeren Wohlklangs ihrer Sprachen !); und weiterhin die hier wichtige Tatsache, daß die Blütezeit dieser Form Anfang bis

Mitte des vergangenen Jahrhunderts stattfand. Warum aber dann plötzlich dieser ihr Tod ? !

Der Grund klingt zunächst so läppisch, daß man versucht ist, an einen marxistisch=dialektischen Scherz zu glauben : es ist die Entwicklung der Verkehrsmittel !

In einer Zeit wo die Postkutsche den Verkehr bewältigte, waren Tageszeitungen sinnlos : sie wären veraltet gewesen, längst ehe sie an Ort und Stelle anlangten. Wir Heutigen haben sie; also auch ihr »Feuilleton« von meist einer Seite, (die dazu noch zehn verschiedene Beiträge aufnehmen muß, nach der Devise »Für jeden Etwas«) : also ist hier gar kein Raum mehr, für Gebilde der oben beschriebenen idealen Länge. Neun Zehntel alles Lesebedarfes also werden – völlig ausreichend; zugegeben – durch solche Zeitungen gedeckt; die seltenen Bücher, die man allenfalls erkauft, sollen (vielleicht aus unbewußter Reaktion ?) dann aber auch wahre Klumpen Papier sein, Romane comme il faut, also ist auch hier kein Raum mehr für Erzählungen.

Damals aber – in jener seligen Zeit von 1820 – gab es eine wichtigste Mittelstufe verlegerischer Produktion : die sogenannten »Almanache« und »Taschenbücher«, die jährlich ein= höchstens zweimal erschienen, und auf ihren 400 Seiten dann ein halbes Dutzend Erzählungen brachten, ein historisch=populäres Aufsätzchen etwa, und ein paar Dutzend Gedichte; also genau das uns fehlende Mittelding von Tageszeitung und Großbuch ! (Denn unsere ängstlichen »Zeitschriften« bringen ja auch nur Gehacktes). Damals, in einer »Minerva« oder »Eidora«, einem »Frauentaschenbuch« oder »Musenalmanach« erschienen die größten Namen : sämtliche Erzählungen Hoffmanns, Chamissos, Eichendorffs, Hauffs, sind zuerst in solchen prachtvollen Bändchen veröffentlicht worden, deren lange Reihen heute noch zu den Zierden der Bibliotheken gehören (während unsere Holzschliffliteratur schon durch ihr hastig=wertloses Äußere umgehend den schnödesten Zwecken zugeführt wird). Die größten Verleger waren stolz darauf, »ihren« Almanach zu haben, ob Cotta oder Brockhaus, und durch die Konkurrenz – alljährlich erschienen etwa 50 deutschsprachige ! – wurde ein unvergleichliches Niveau herangezüchtet.

Wo aber die äußerliche Möglichkeit für solche Veröffentlichungen schwindet, kann der Dichter automatisch dergleichen nicht mehr schreiben ! Wenn heute ein Autor sich erkühnte, »Erzählungen« des angegebenen Umfangs zu entwerfen, fände er einfach kein Organ mehr zu ihrer Veröffentlichung; und darauf zu warten, bis er zehn Meisternovellen beisammen hat, die dann einen (auch nur zögernd gekauften !) Band von 500 Seiten ausmachten, könnte sich bestenfalls der finanziell gesicherte Altmeister in seiner schweizer Villa leisten; aber selbst der verzichtet händeringend, – und völlig mit Recht ! – auf solch entsagungsvolle Arbeit, die Jahre dauern würde; denn ein »House of Usher«, »Prinzessin Brambilla« oder »Schimmelreiter« hecken sich nicht zu Dutzenden so zwischen Schlaf und Wachen in ein paar Monaten ! Ein Dichter der Erzählungen schreibt, verhungert in unserer Welt ! In dieser Welt, die zwischen den Giftkräutchen der »Shortstories« und dem Upasbaum des Mammutromans hin und her spurtet; die Dichtung nur noch im Stehen zum Gemurmel des Stadtbahnpublikums zwischen zwei Stationen zur Kenntnis nimmt, oder abends mit ins Sachliche entleerten Facettenaugen das Lesezeichen zwischen Seite 800 und 801 herausnimmt; die Dichtung nur im Fingerhut oder im Faß kennt : wer hebt noch liebevoll den geschliffenen Römer ?

»Kulturpessimist« ist ein hartes Wort, und ich lehne im Allgemeinen die Bezeichnung für mich ab (nicht weil wir noch leidlich viel Kultur hätten : aber es war meiner, aus historischen Studien reichlich gespeisten Ansicht nach, nie anders, als jetzt !); dennoch stimmt es wohl verzeihlich schwermütig, als lebender, wissender

Zuschauer die schönste aller Kunstformen so »überholt« zu sehen; ein nachdenkliches Beispiel, wie bloßer technischer Fortschritt zwangsläufig, rädertierig »unaufhaltsam«, ein wertvolles dichterisches Ausdrucksmittel ausmerzen kann.

Gewiß, man kann mir entgegenhalten, daß diese Entwicklung ja eben auch die neue Form der story erzeugt habe – schön : ich will versuchen, friedlich zu nicken : aber lassen Sie mich bitte wieder durch, zu meinen »Bons Ayeux« !

VORSICHT: GESAMTAUSGABE!

Wenn man sie aufschlägt, die ehrfurchtgebieten-
den »Gesammelten Werke« unserer Dichter,
kann man natürlich nur staunen : was die
manchmal schon mit Zwanzig für formvollende-
te, tiefsinnige Dinge gesagt haben ! Oder hier,
was gehört nicht dazu, in klassisch=hallendem
Jambenmaß so unnachahmlich zu klagen : »Und
an dem Ufer steh ich lange Tage, / das Land der
Griechen mit der Seele suchend« ? ! Da mag es
wirklich Manchen geben, der nach ähnlicher,
ergriffener Lektüre dann vorwurfsvoll fragt : »Ja,
und unsere zeitgenössischen jungen Autoren :
was leisten die dagegen ? !« –

Dabei kann man die seltsamsten Dinge erleben,
wenn man die erwähnten Gesamtausgaben »letz-
ter Hand« einmal verläßt, und sich neugierig den
Erstdrucken jener Meisterwerke zuwendet; das
heißt, dem, was die Titanen, – die ja auch einmal
»Junge Autoren« waren – wirklich gesagt haben,
als die Stimme ihnen zuerst den Mund aufstieß. In
den Gesamtausgaben wird nämlich fast grundsätzlich den Jugendarbeiten so aufgeholfen, daß
man als später Leser über all die frühreifen Ge-
nien außer sich geraten möchte. Nehmen wir also

zur Rektifizierung der unzeitigen Bewunderung einmal die editio princeps zur Hand.

Was halten Sie davon, daß in der ersten Ausgabe von Schillers »Räubern«, »bey Schwan und Göz«, anstelle der jetzigen massigen Endkatastrophe, der böse Bube Franz Moor zur Strafe mit magisterhaft hinterdrein erhobenem Zeigefinger in den Turm geschickt wird : da mag er statt des armen Alten jetzt auch mal sitzen ! ?

Und die Iphigenie ist durchaus nicht gleich in der zitierten großartig=metrischen Form konzipiert worden ! Jahrelang lag bei Goethe im Pult die Prosafassung, die Szene für Szene genau mit der jetzigen übereinstimmt; und da heißt die obige Stelle betrüblich=holprig : »Denn mein Verlangen steht hinüber nach dem schönen Lande der Griechen, und immer möcht' ich übers Meer hinüber, das Schicksal meiner Vielgeliebten teilen,«. Goethe selbst war – vollkommen mit Recht ! – von seiner Arbeit gar nicht befriedigt; dennoch würden wir heute nur diese Fassung besitzen, hätte er nicht in Rom Moritz kennengelernt, und von diesem erst fundamentalen Unterricht in Prosodie erhalten; »Ich hätte sonst nie gewagt, die Iphigenie in Jamben zu übersetzen«, gesteht Goethe (und das »übersetzen« zerstört wohl hinlänglich die Illusion vom taschenspielerhaft prometheischen Genius).

Dabei ist es sogar noch recht selten, daß ein Jugendwerk durch spätere Überarbeitung »besser« wird. Meistens verliert es die »Frische«, den unwiederholbaren Schwung und Goldglanz der Frühe; so daß man, sehr richtig, beispielsweise die meisten Erzählungen Stifters heute in beiden Fassungen kaufen kann.

Wissenschaftliche Arbeiten gewinnen freilich meist, da sie ohnehin wenig Anspruch auf stilistischen Zauber zu machen haben; wo dies aber der Fall ist, treten auch hier zwangsläufig Spannungen ein. Schopenhauer schrieb mit 26 seine berühmte Dissertation »Über die Vierfache Wurzel des Satzes vom zureichenden Grunde«; als er dann mit 60 die zweite Auflage besorgte, entstand ein ganz eigenartiges Werk, »so daß vielleicht Mancher den Eindruck davon erhalten wird, wie wenn ein Alter das Buch eines jungen Mannes vorliest, jedoch es öfter sinken läßt, um sich in eigenen Exkursen über das Thema zu ergehen«, wie er selbst die neue Arbeit charakterisierte; und wirklich, wer ein feines Ohr und einen Bleistift zur Hand hat, kann heute noch unschwer die interpolierten Stellen in seinem Exemplar anstreichen. – Das Gegenstück ist die »Kritik der reinen Vernunft«, die Kant in der zweiten Auflage von 1787 so verunstaltet hatte, daß es fast ein anderes inferiores Buch schien;

nicht nur aus Nachlassen der Geisteskräfte, sondern mehr noch wegen der Drohungen der preußischen Regierung, die dem alten Manne des »gottlosen« Buches wegen die Stellung kündigen wollte – unter dem tolerant=atheistischen Großen Friedrich hatte die funkelnde erste Auflage 1781 getrost erscheinen können. – Demselben verhängnisvoll amusischen Staat war es zu verdanken, daß man hundert Jahre lang, bis 1910, nur die kastrierte Fassung von ETA Hoffmanns unsterblichem »Meister Floh« kannte; das im genannten Jahre wiederentdeckte Manuskript enthielt noch die »Knarrpanti=Episode«, diese prachtvolle Satire auf das damalige »Amt für Verfassungsschutz« – Hoffmann war dafür bereits von seinem Kammergerichtsratsposten suspendiert, und nur der baldige Tod ersparte ihm schimpfliche Behandlung.

Gottfried Kellers »Grüner Heinrich« : kennen Sie nur die geläufige Umarbeitung von 1880 mit dem milden Schluß; oder auch die ursprüngliche herb=pessimistische von 1854? Vergleichen Sie die erste Ausgabe von Theodor Däublers »Nordlicht« mit der zweiten. Oder, falls Sie ein ganz modernes Beispiel wünschen, legen Sie neben Hans Rüsch's »Rennfahrer« die Vorkriegsausgabe : wie da die Gauleiter die Hände zum Deutschen Gruß heben, und der Reichsadler sieghaft kreischt ! –

Also selbst, was man schwarz auf weiß besitzt,
kann man noch längst nicht getrost nach Hause
tragen !

NEBENBERUF : DICHTER ?

Nicht etwa eine Ostdeutsche Zeitung war es – dort weist man sehr wohl dem Schriftsteller seine, wenn auch arg eingeschränkte, »Funktion« in der Gesellschaft zu – sondern ein Österreichisches Blatt, in welchem kürzlich ein angesehener Kritiker es ganz offen aussprach : daß der Nur-Dichter keine Daseinsberechtigung mehr habe; dergleichen Schmetterlinge könne sich die schwer arbeitende Menschheit nicht leisten ! Da der betreffende Herr gleichzeitig Verleger ist, also immerhin davon lebt, daß er Bücher – die ja irgendwie geschrieben werden müssen – verkauft, muß er also der Ansicht gewesen sein, daß sich »Dichten« als Nebenberuf, in der Freizeit, betreiben läßt.

Und läßt sich das nicht sogar »beweisen« ? : War nicht Schiller im Hauptberuf Universitätsprofessor; ETA Hoffmann nicht Kammergerichtsrat; Lessing nicht Bibliothekar; selbst der große Goethe nicht zehn lange Jahre hindurch fleißigster Staatsminister ? Und was haben diese Leute nicht als Dichter geleistet : da werden unsere druckgeschwärzten Epigonen doch auch nicht zu gut sein, sich ihr Brot durch ehrliche Arbeit zu verdienen ?

Gewiß; Schiller war Dozent, und kein schlechter; und er dichtete »nebenbei«, – und er starb mit 46 Jahren, sinnlos verbraucht, wie eine an beiden Enden angezündete Kerze ! Und Hoffmann hat am Tage pflichtgetreu in Akten gewühlt; und nachts mit flackernder Hand die glühenden Gebilde gestaltet, an denen sich noch heute der Leser »ergötzt« – und er ist, ohnehin von schwächlichem Körper, mit 45 vergangen. Und der von der Natur mit robuster Gesundheit ausgestattete Goethe war 10 Jahre lang Minister – und schrieb während dieser Zeit kaum eine Zeile; bis er sich endlich, von Grauen ob seiner geistigen Erstarrung geschüttelt, durch eine förmliche Flucht nach Italien »rettete«, das heißt wieder ins Land des Geistes zurückkehrte.

Ist man sich in Leserkreisen überhaupt klar darüber, was ein Dichter an rein handwerksmäßiger Ausstattung mitbringen muß ? Lassen wir einmal die erst in zweiter Linie kommenden »Naturgaben« beiseite – also den angeborenen Sinn für Rhythmus und Wohlklang, für Naturschönheit und dichterische Situationen – unausgebildet befähigen sie zum, auch schon seltenen, »guten Leser«. Aber der gute Schriftsteller muß auch einen aktiven Wortschatz haben, der das mehrfache von dem des Durchschnitts beträgt; er kann gar nicht groß genug sein : »Ich habe drittehalb Tage über einer einzigen Strophe zugebracht« schreibt Wieland unruhig an Merck während der Arbeit am Oberon : »wo im Grunde die Sache auf einem einzigen Worte, das ich brauchte und nicht finden konnte, beruhte. Ich drehte und wandte das Ding und mein Gehirn nach allen Seiten; weil ich natürlicherweise gern die nämliche bestimmte Vision, welche vor meiner Stirn schwebte, auch vor die Stirn meiner Leser bringen möchte, und dazu oft von einem einzigen Zuge oder Reflex Alles abhängt.« Natürlich darf man gleich wieder spöttisch einwenden : seliger Beruf, wo man sich 60 Stunden um ein einziges Wort mühen kann; wir, bei der Dresdener Bank – – gewiß ! Aber meinen Sie tatsächlich, daß ein Dichter göttliche Verse nur so hinsprudelt; daß Goethe umsonst Eckermann eingestand, wie er froh sei, wenn ihm am Tage »eine Handbreit Zeilen« vom »Faust« gelinge ? Wasser im Mondschein als »mildeblitzend Glanzgewimmel« zu sehen, setzt nicht nur unerhörte Konzentration voraus, sondern bedeutet auch mehrere, immer wieder durchgestrichene und weggeworfene Notizzettel ! – Zu dieser Ausweitung des verfügbaren Wortschatzes gehört nicht nur immer neue Lektüre, sondern ebenfalls die Erlernung mehrerer Sprachen; das ermöglicht Assoziationen, Anklänge an Ähnliches :

47

»harp« heißt im Norwegischen »Egge« : schon tastet die Hand zum (auch nachts stets daneben liegenden) Block – aber was ist das dann für ein Schlaf ! ? – und kritzelt : »Eine Egge harfte die Erde«. Außerdem braucht man Fremdsprachen für die leider stets notwendige Brotarbeit des Übersetzens; und was es bloß an regelmäßiger Lektüre kostet, nur um sich den Besitz von einem halben Dutzend Sprachen zu erhalten, weiß ja wohl Jeder ! –

Es ist schon traurig genug, daß ein Dichter, der Unwiederholbares zu leisten imstande wäre, zeitraubende Brotarbeiten »nebenbei« betreiben muß. Aber selbst so ist der Substanzverlust in diesem zehrendsten aller Berufe unerträglich : »Ich habe mich an meinem Roman auf den Hund gearbeitet – daß ich manchmal zusammenschaure und zittre wie ein Espenlaub im Wind« schreibt Scheffel vom »Ekkehard«. Tieck warnte Jeden vor dem »grausamen Metier«. »Ich hab es ihm oft gesagt : Herr Legationsrath, Sie arbeiten sich zu Tode« berichtet Jean Pauls Wirtin : »dann saß er da, die Augen groß und rot aus dem Kopfe heraus stehend, und sah mich lange an, ehe er sich besinnen konnte; und wenn er endlich aufstand und die Treppe herunter kam, da schwankte er hin und her, und ich ging, ohne daß er es merkte, vor ihm, damit er keinen

Schaden nähme.« Selbst im geselligen Kreise übermannte Lessing, völlig verbraucht mit fünfzig Jahren, unwiderstehliche Schlafsucht, »so daß er unmittelbar aus der lebhaftesten Unterhaltung in dumpf bewußtloses Schweigen verfiel.« Swift, Nietzsche, Hölderlin, endeten im Irrsinn; Scott, Kant, Newton, waren im Alter stumpf und verstanden ihre eigenen früheren Bücher nicht mehr. –

Dichter im Nebenberuf ? : nein; es geht wohl doch nicht !

DIE BROTARBEIT.

Freilich, schön wär' es schon, wenn die Vorstellung des Publikums vom Dichter zuträfe : schandbar begabte Burschen, die, wenn sie Geld brauchen, mit leichter Hand ein paar unsterbliche Verse aufs Papier werfen; sogleich wird ihnen das Manuskript vom Verleger, – Mäzen und Kenner in einem – mit Gold aufgewogen; und sie ziehen lachend weiter, ewig fröhliche Wanderburschen, gewissermaßen die Schmetterlinge in unserer harten Arbeitswelt, gelt ja ? !

Dabei ist es genau umgekehrt ! Je vollendeter ein Vers klingt, um so mehr Arbeit hat er gekostet; ein gewisser Goethe, dem es doch wahrlich nicht an Talent mangelte, gestand freiwillig, daß er mit aller Anstrengung täglich durchschnittlich »eine Handbreit« am Faust zusammenbekäme. Was den Verleger anbelangt, so ist das in allererster Linie ein Kaufmann; ein Händler mit bedrucktem Papier, für den die Frage des »Absatzes« entscheidend ist. Je besser ein Buch, desto anspruchsvoller, »schwerer«, ist es auch; stellt größere Anforderungen an Kenntnisse, an das Ohr des Lesers, an sein Gefühl für Wohlklang und Rhythmus : desto kleiner also zwangsläufig der Käuferkreis ! Jeder Autor wird auf Befragen die traurige Tatsache bestätigen, daß er von seinen eigentlichen dichterischen Werken nicht leben kann; eine Absurdität, die vielleicht am eindrucksvollsten in der Kurzformel wirkt : je höher die Leistung, desto geringer der Verdienst !

Und konsequenterweise erlebt man in der Literaturgeschichte immer wieder das niederschlagende Schauspiel, daß ein Geist, bestimmt Besseres – oft das Höchste – zu leisten, sich mit nichtswürdigen Brotarbeiten herumschlagen muß; wie er noch froh und dankbar zu sein hat, wenn er einen langwierigen schlechtbezahlten Auftrag erhält; und um des lieben Brotes willen viele Monate lang mittelmäßigste Tagelöhnerarbeiten verrichten muß. Als nächstliegendes bietet sich da grundsätzlich das Übersetzen an : als Fachmann für Sprache beherrscht man ja grundsätzlich mehrere davon, die eine besser, die andere schlechter; also schreibt man, buchstäblich »der Not gehorchend; nicht dem eignen Triebe«, an den Verleger : »Haben Sie nicht etwas zu übersetzen für mich ?«

Sofort treten die befremdlich=verständlichsten Phänomene auf. Es ist ja ganz selten, daß sich ein wohlhäbiger Dichter das jahrelange Studium eines Lieblingsautors erlauben kann, und dann nach endlos sorgfältigen Vorstudien dessen Meisterübertragung vollbringt : wohl hat sich Ludwig Tieck so den Shakespeare ausgesucht und den Cervantes; Johann Heinrich Voss den Homer und Virgil; Wieland den Lucian und Cicero. Aber gewöhnlich erhält der übersetzende Dichter vom Verleger irgendein Reißerprodukt des Auslandes vorgesetzt, mit dem das liebe einheimische Publikum schleunigst bekanntgemacht werden muß; heute ist es oft gar so, daß ein Termin beigefügt ist, da in 4 Wochen der Film uraufgeführt wird, und die Scharteke dann sofort vorliegen muß. Also setzt der Dichter sich dazu, und liefert, in der Zwischenzeit hübsch gleichmäßig von Alkohol, Kaffee und Aspirin aufrechterhalten, das Buch »termingemäß« ab.

Woraus sogleich ein zweites Ergebnis folgt : man denke sich als naiver Leser doch ja nicht, daß es dem Dichter »hohe Seligkeit« sein müsse, einen verwandten Genius zu übersetzen ! Im Gegenteil : je platter und simpler der Text; je geringer der Wortschatz des fremden Romanschreibers; kurz, je »einfacher« die verhaßte Arbeit, desto angenehmer für den Geplagten ! Bedauernswert der Unselige, der gar noch einen »anspruchsvollen« Ausländer vorgesetzt erhielt; fluchend wird er sich durch den schwierigen Text hindurchmaulwurfen, im schrecklichsten aller

Zwiespalte : wohl könnte er die feine Gold-
schmiedsarbeit nachahmen, wenn er sich hinterdrein nur nicht mit dem armseligen Gedanken
plagen müßte, »Geld« dabei verloren zu haben.
Daher dann auch die anstößigsten Fehler und
Mißverständnisse in jenen ersten, auf Bestellung
angefertigten Übertragungen.

»Hast Du nichts zu übersetzen ?« fragt Lessing
den Vetter Mylius; und schustert dann Rollins
16bändige »Römische Geschichte« ins Deutsche;
oder 4 Wälzer »Arabische Geschichte zur Zeit
der Kalifen« des Abbé Marigny. Was wird Mat-
thias Claudius, eben als darmstädtischer Beamter entlassen, im heimischen Wandsbeck tun ? :
»Befiehl Du Deine Wege : Asmus fortführen, und
– übersetzen.« »Du weißt, was für Kunststücke
ich kann« fragt der alternde Fouqué verschämt
den Verleger Perthes, und dann zählt er seine
zehn Fremdsprachen auf : »Hast Du nichts zu
übersetzen ?« (in der Zeit blieb sein gewaltiges
Epos vom »Parzival« liegen; wie es nebenbei
heute noch ungedruckt in Tübingen modert).
Poe, selbst die Genies nennen ihn ‹Genie›, mußte
immer wieder die Arbeit an seinem in geister-
haft=widersinnigen Glanz getauchten »Gordon
Pym« unterbrechen, um Übersetzungen und
»Bearbeitungen« vorzunehmen, wie etwa von
Lemonniers läppischer Kompilation über »Na-

turhistorie« : nur weil er von seinen eigenen zauberhaften Geschichten nicht »leben« konnte !

Wenig verwunderlich also die Verwünschungen aus Dichtermund über eine Profession, bei der man je hungriger wird, desto besser man sie ausübt; von der man willig in Zeitungen und Literaturgeschichten bekennt, daß sie der Stolz der Nation sei − während ihre Träger sich, um nur zu existieren, zuschanden arbeiten müssen. Welch ein vernichtender Urteilsspruch aber auch für Regierungen und Lesewelt ! Jedem Deutschen sollte beim Namen Schiller Röte ins Gesicht steigen; aber nicht die des Stolzes, sondern der Scham : in Blutstürzen, durch Überarbeitung zugezogen, endete der große Mann, fünfundvierzigjährig, sein unersetzliches Leben; als er starb, war alles Geld aufgezehrt; für den schäbigen Sarg waren nur »etwas über drei Thaler« aufzutreiben; eine einzige Kerze beleuchtete den aufgebahrten Toten; zwei armselige Fackeln begleiteten den Leichenzug.

Hätte man ihm also mehr zu übersetzen geben sollen, wie ? !

DIE GROSSE
HEBAMMENKUNST.

Wenn das neue Kind geboren ist, und es ist wohl-
gestaltet und schreit kräftig, da lobt Jeder das
ungebärdig=stramme Wesen, besieht wohl auch
nickend=anerkennend den Erzeuger – nach dem
Namen der geschickten Hebamme fragt Niemand!

Und wenn es erschienen ist, das neue Buch,
bunter Worte voll und anregender Ärgernisse, da
greift Mancher nach dem rechteckig=gefährli-
chen Wesen, nennt wohl auch betroffen=nach-
denklich den Verfasser: aber welcher Kunstgriffe
jener sich bedienen mußte – er, Vater, Mutter,
Kind und Hebamme zugleich! – um ein neues
Regsames glücklich ans Tageslicht zu fördern,
danach wird kaum gefragt! –

Als Goethe eines Tages in das Arbeitszimmer
seines »Freundes« Schiller trat – man kann das
Wort sehr getrost in Anführungsstriche setzen;
denn diese »Freundschaft« wurde hauptsächlich
von arglosen Germanisten erfunden, ihrem gut-
mütigen Volke zu Gefallen, das zwei seiner großen Dichter gern Hand in Hand sehen will, wie
es ja seitdem jedes pflichtbewußte Denkmal auch

zeigt – da befiel ihn am Schreibtisch ein ausgesprochenes Schnüffeln. Er sah Frau Charlotte an; und diese zog achselzuckend das Schubfach auf, aus dem ein wahres Konzert süßlichst=fauliger Gestänke quoll : es war gefüllt mit modernden Äpfeln, in allen Stadien und Farben nur denkbarer Verwesung von Pflanzenleibern : »Er sagt, es rege ihn beim Schreiben an !«

Für Goethe selbst war die große Anregung Frauenschönheit; er hat es anstandslos bekannt, und in seiner großartig=naiven Sinnlichkeit oftmals in herrlichsten Versen geschildert, wie er »danach« nachts noch lange wach lag, und auf dem vollen nackten Frauenrücken »elegisches Maaß« sich »gefingert« hätte.

Christoph Martin Wieland, der große Romancier unseres achtzehnten Jahrhunderts und der Erprober kühnster Prosaformen, gestand Schiller einmal, daß ihn zwar schon starke Hefte leeren Schreibpapieres – nicht schneeweiß, sondern leicht gelblich, und sehr fest –, sowie ein Bündel neu geschnittener Rabenfedern recht inspirieren könnten; sein eigentliches Hausmittel zur Auslösung dichterischer Bildkraft jedoch sei dieses : lange leere Zimmerfluchten, mit hellstem goldigen Licht erfüllt, einzelne, ausgesucht schöne Möbel darin auf graziösen Beinen, auf dem leeren Diwan vielleicht noch ein altes kostbares

Musikinstrument. Bei solchem Anblick beginne seine Phantasie unaufhaltsam zu arbeiten und bevölkere mühelos die Räume. »Deswegen hat er eine gar sonderbare Neigung um Fürsten zu wohnen« fügt Schiller, – überflüssig ironisch; wir haben *sein* Geheimmittel ja schon gesehen ! – dem Brief an Körner bei.

Sehr geläufig ist es auch im Publikum, das die starken einprägsamen Formulierungen ja liebt, von einem Dichter zu behaupten, er habe »Alles im Suff« geschrieben; oder – um auf das einleitende Bild zurückzugreifen – die Hebamme habe das Kind gezeugt ! Das ist natürlich eine völlige Verkennung der Sachlage. Wohl ist der Alkohol für viele Autoren »ihr« Mittel gewesen; aber die, meist recht kleinen, und sorgfältigst dosierten, Gaben geistiger Getränke haben eine ganz andere Funktion. Nicht einmal die der Erhöhung der Bildkraft der Seele; sondern der Entfernung alles Hinderlichen. Scheffel, Grabbe, Hoffmann, Poe, maaßen sich ihre Ration weit mehr als »Startschuß« zu; als Lockerung der Wortbremse; als Mittel, am raschesten die notwendige Naivität und Rücksichtslosigkeit gegenüber der Sprache und den Dingen herzustellen; um das störende Trümmerfeld des Alltags am schnellsten hinter die Bühne zu drehen. Zugegeben, es ist dies auf die Dauer eines der »ungesundesten« Mittel;

57

aber was soll man tun, wenn andere nicht anschlagen? Zudem ist Alkohol eben die am leichtesten erreichbare und auch relativ billigste aller Drogen. Trakl, von Beruf Apotheker, dem die Nervengifte, auch die gesetzlich kontrollierten, unschwer zugänglich waren, erkannte diese als die für ihn geeignetste Peitsche in die Unsterblichkeit.

Cooper, der der Weltliteratur eine neue ihrer ganz großen Gestalten, den mächtigen »Lederstrumpf«, schenkte, begab sich, wenn Erfindungsgabe und Kompositionskraft zu erlahmen begannen, in sein wildnisähnliches Grundstück drüben, am anderen Ufer des Otsegosees, wo er, vom Standpunkt des Fachmannes aus, viel gärtnerischen Unfug anrichtete. Aber er war allein dort, und hatte sich mehrere Ecken so geschickt eingerichtet, daß er sich absolut einsam wähnen konnte. Auch darin nämlich glich er durchaus seinem unsterblichen Helden, daß er eine Besiedlungsdichte von 1 Mann pro Quadratkilometer als höchst unnötige Überbevölkerung betrachtete. Solche Gärtnerei als Stimulans, (diesmal allerdings in so reinlich=zierlichem Rokokostil, daß man schon wieder von »Ordnungszwang« sprechen muß) bevorzugte auch der heute leider und ganz zu Unrecht vollständig vergessene Barthold Heinrich Brockes.

Dichter gab es, die nur im Wandern schreiben konnten. Fouqué betete im späteren Alter jedesmal vor Beginn des Tagespensums, und schrieb dieser Gewohnheit alles Gelungene zu – obwohl er nachdenklicherweise wesentlich Höheres leistete, früher, als er noch Säbel sammelte.

»Grillen«? : O nein! Es ist die große Hebammenkunst!

DIE HANDLUNGSREISENDEN.

1.) »Wißt Ihr, warum Euch die Käfer, die
Butterblumen, so glücken ? :
Weil Ihr die Menschen nicht kennt, weil Ihr
die Sterne nicht seht !
Schautet Ihr tief in die Herzen, wie könntet
Ihr schwärmen für Käfer ?
Säht Ihr das Sonnensystem, sagt doch, was
wär' Euch ein Strauß ? !
Aber das mußte so sein; damit Ihr das Klei-
ne vortrefflich
liefertet, hat die Natur klug Euch das Große
entrückt.«

(Hebbel an Stifter).

2.) »Wie gewaltig und in großen Zügen auch
das Tragische und Epische wirken, so sind
es doch hauptsächlich immer die gewöhnli-
chen, alltäglichen, in Unzahl wiederkehren-
den Handlungen des Menschen – gleichsam
die Millionen Wurzelfasern am Baume des
Lebens – in denen das sanfte Gesetz *sich*
zeigt, wodurch das menschliche Geschlecht
geleitet wird.«

(Stifter an Hebbel).

Das war ja der klassische Zusammenstoß der beiden großen Schulen, damals um 1850; und bezeichnend daran auch, daß der Dramatiker
Hebbel, angriffslustig wie nur je ein literarischer
Highwayman, die Messerbüschel seiner Disti-
chen wetzte, während der Oberplaner gelassen

hinter dem undurchdringlichen Lederschild seiner abwehrenden Prosa weiterwandelte. Noch heute kann man, kommt die Rede auf diesen Zwist unter Zauberern, Erbauliches über die Verschiedenheit von Temperamenten lesen; viel Feinsinniges über den Unterschied zwischen Idyllisch und Episch, Beschaulich und Heroisch, zwischen Tatmenschen und Träumern.

Auf die Gefahr hin, einer ausgesprochenen oratio pro domo bezichtigt zu werden, möchte ich die beiden großen Schulen – von denen die eine gar viel, die andere weit weniger Mitglieder zählt – hier einmal endgültig definieren und gegen einander abgrenzen.

Natürlich drängt sich zuerst die Hebbelsche vor, mit dem Geschrei nach Handlunghandlung, nach Aktion und blitzartig hochgerissener Gebärdung (wobei man als Dichter viel Anatomie erspart; und wenn die Fantasie einmal ausgeht, stellt sich »organisch« noch eine gefällige Staubwolke ein). Da qualmt also das Getümmel um Ilion; da brüllt man im Schwertergefuchtel; da platzen Vulkane; geschieht affenteuerlich Unerhörtes; Reporter rasen hinter Rennwagen; Morde werden erwogen; Rinaldos hechten aus durchgehenden D=Zügen mitten in die Handlung hinein; man »kämpft um ein Weib«. Oder, weniger satirisch ausgedrückt – oh, ich wette, Sie

haben »meine Richtung« schon jetzt erkannt ! –
es giebt Schriftsteller (und sie sind, wie gesagt,
bei weitem in der Überzahl) die das Heil nur in
der »Handlung« sehen, etwa nach den Rezepten
jenes unselig=geschäftigen Lessingschen Lao-
koon. Und ich will gern zugeben – muß ich es
nicht ? – : man kann das machen ! Man kann die
blendendsten Kunstwerke, die erschöpfendsten
Weltbilder, auf diese Weise geben; die Reihe der
Belege wäre endlos, von Homer bis zum Jüng-
sten, der die Neune erfolgreich anredete.

Gut.

Aber es giebt eben auch eine zweite Schule, bei
der die Fabel nicht aus Taten und Handlungen,
sondern aus Zuständen, Denkweisen, Funktio-
nen und Befindlichkeiten besteht !

Man kann dem großen Adalbert Stifter mühelos die Ungerechtigkeit antun (und wie man
oben sieht, hat schon Hebbel viel dummes Zeug
in dieser Richtung dahergeschwätzt), und die
Fabel etwa des »Hochwaldes« unzulänglich nennen; unreif, backfischhaft, provinziell, klischiert,
weltfremd; bekanntlich ist sie ja sogar blank gestohlen, bis in kleine Einzelheiten, vom großen
James Fenimore Cooper (und die entzückend
naive Unbeholfenheit dieses Diebstahls müßten
unsere gewiegten Plagiatoren eigentlich gerührt
lächelnd als zusätzlich vormärzlichen Reiz

schmecken). Zugegeben also, man kann das : aber eben nur vom Standpunkt der Handlungsreisenden aus !

Stifter behält stets diesen unanfechtbaren Satz vor Augen : daß »in Wirklichkeit« viel weniger »geschieht«, als die Liebhaber von Kriminalromanen uns glauben machen wollen; das Leben besteht, was »Handlung« anbelangt, aus den bekannten kleinen Einförmigkeiten. Und logischerweise wird es sogleich zum vornehmsten Kennzeichen jener (»unserer«) Gruppe extremster Realisten, daß man sich um der Wahrheit willen der Fiktion pausenlos=aufgeregter Ereignisse verweigert; die radikalste Kühnheit in Denkweise, Sprache, Architektonik, kann hierbei durchaus gepaart sein mit solcher, nur dem oberflächlichen Beurteiler befremdlichen, Handlungsleere.

Den Realisten macht nämlich nicht die noch so »realistische« Darstellung eines gelungensten Mordes, wie da Blut feistet, um dampfende Eingeweide, (oder, wie ich neulich amüsiert las, gar Einer sein Opfer anschließend auf einen Sitz auffrißt); sondern der wahre Realist lehnt im Allgemeinen dergleichen Schilderungen einfach ab. Nicht aus »sittlichen« Gründen; wohl aber, weil solche äußerst seltenen Ausnahmezustände ganz und gar nichts »Bezeichnendes« haben; weil sie

nichts über die Wirklichkeit einer Zeit aussagen;
weil sie in einen gewichtig=ehrwürdigen säku-
lar=addierenden Prozeß (die Handlungsreisenden nennen ihn bürgerlich=filiströs) eine ver-
zerrte Katastrofenfreudigkeit hineinlügen, die
unersetzliche Daten des Menschengeschlechtes
aufs Unverantwortlichste zu verfälschen vermögen ! Wie nachdenklich und menschlich
höchst beunruhigend etwa der wahre »Eg-
mont«, der holländisch=bedächtige Fast=Fünf-
ziger und Familienvater, den eine gewaltige
flegmatisch=gravitationsgleiche Deichkraft seinen Todesgang gehen heißt – und wie al-
bern=oberflächlich wirkt der Goethesche lie-
belnde Springinsfeld dagegen ! Deswegen würden, bei einem gegebenen Thema, beide Schulen
sogleich ganz bezeichnend reagieren. Um es an
einem bis zur mehrfachen Verfilmtheit geläufi-
gen Beispiel zu erläutern : der einen Schule wäre
an der berühmten Prinzessin von Ahlden der
Knalleffekt der Königsmarck=Katastrofe das
naturgewollt Interessante. Die andere würde mit
gleich aufreizender Selbstverständlichkeit die
anschließenden langen zweiunddreißig Jahre in
dem einsamen Amtshause der Lüneburger Haide zu ihrem Vorwurf wählen. Hier stehen wir
Stirn an Stirn.

Und der Gattungsunterschiede ist konsequenterweise kein Ende ! Die Einen erwittern mit radarfeinen Sinnen nichts als Katastrofen, und überlegen : was machen wir rasch und am effektvollsten mit der Geschichte ? Die Andern lesen noch mehr Chroniken, und fragen sich besorgt am Ende : Wie ist es also nun gewesen ? Die Einen verabscheuen die Mathematik (oder präziser : haben kein Organ dafür; aber das geben sie nicht zu, sondern beweisen lieber, daß man sie verabscheuen *müsse*). Die Anderen – etwa Stifter, Cooper, Poe – beherrschen sie, und gewinnen gern wichtigste Anregungen aus ihr. Die Einen denken sich ihre Landschaften aus. Die Andern fahren vorher hin, und sehn sie sich an : als ein Freund den Cooper auslachte, wie der sich am Schauplatz eines künftigen Romans gar bückte und sorgfältig die Pflanzen notierte, die da wuchsen, wies Dieser ihn ruhig zurecht : auch das gehöre zum charakteristischen Porträt einer Landschaft, von denen jede ebenso einmalig sei, wie ein Menschengesicht; er würde sogar die korrekten Bewegungen und Fasen des Mondes berücksichtigen. Auch sagte er noch spöttisch : daß es doch auch einmal eine Welt ohne Menschen gegeben habe, sogar ohne handelnde Tiere, wo nur Pflanzen standen und warteten : wie langweilig das so gewesen sein müsse, was ? –

Zurück zum »Hochwald«: natürlich sind die

Menschen bei Stifter nicht etwa gänzlich entbehrlich; Menschen sind auch da. Aber ich zitiere Schopenhauer – mehr kann man doch wirklich nicht verlangen ! – : »Die Aufgabe des Romanschreibers ist nicht, große Vorfälle zu erzählen, sondern kleine interessant zu machen.« Da bietet sich wie von selbst der »Witiko« an : wir erfahren hinreißend das »Milieu«; und auch, durch das viel geschmähte Mittel der seithundertelangen Reden auf dem Wysehrad, die Denkweisen jener Zeit. Wohl ist das große Buch voll pflanzenhaft langsamer Befindlichkeiten – »langweilig« ruft hier scharf die andere Seite dazwischen –, wohl sind in ihm nicht Personen die Träger der Handlung, sondern eben Zustände : aber gehört es deswegen weniger zu den Kronjuwelen unserer Literatur ? !

Ich reiße kurz die literarhistorische Perspektive auf : Virgils Georgica ist mehr wert als seine Äneis. Die fälschlich so festgenagelten »malenden Dichter« um 1750; voran mein verehrter Brockes, in dessen präzis glühende Gärten sich nicht jeder wagen möchte ! Was halten Sie vom »Tristram Shandy« ? Ich verweise auf den unsterblichen »Robinson Crusoe« (man sehe ab von dem heftigen Gestaltengewimmel zu Anfang und Ende; das ist ja nur das Vehikel, um den »Helden« glaubhaft mit der Normalwelt in Verbindung zu setzen) : das faszinierende ist hier doch lediglich der »Zustand«, wie da Züge der äußersten Einsamkeit versammelt werden. Alle Ereignisse hören auf; Geschehen störte hier; nur die Denkweise und die Befindlichkeit erzwingen das unvergeßlich glühende Bild. Wielands grandiose »Abderiten« gehören hierher. Man lese Jean Pauls »Campanerthal«, wo man bei völlig unzureichender, »läppischer«, Handlung zwischen den umgrünten Marmorwänden des Pyrenäentals von Unsterblichkeit flüstert. Coopers »Pioneers«; über deren »Fabel« man nur lachen kann, während unvergleichlich Standort und Sitten sich einprägen. Was »geschieht« denn letzten Endes selbst in des allgewaltigen Poe »The Man of the Crowd« ? : ist es »Handlung«, daß zwei Männer hintereinander her-gehen ? Oder im »House of Usher« ? : freilich stürzt am Ende mit bleikammernem Gepolter das Schloß ein – aber das hat man schon gegen Ende des ersten Absatzes gewußt. »Domain of Arnheim«, wo Einer im Boote dahin *treibt*.

Herakles kai pithekos : ich habe die Stirn, mich selbst am Ende anzuführen. Ich will mich nicht herausreden, und sagen, daß bei so kurzen Formen, wie ich sie aus Gründen prinzipiell verwende, gar keine mordsmäßige Handlung möglich wäre : da könnte man mir triumfierend

genügend Herren der anderen Schule entgegenhalten, die auf der gleichen Seitenzahl gut und
gern ein halbes Dutzend stattlicher Totschläge
erledigen. Aber etwa in meiner »Seelandschaft«
ist keine »Handlung« vonnöten; ja, mehr noch :
sie würde sogar nur die Zeichen von Wasser,
Himmel und Sonne, von konsequenter Erotik,
und – logischerweise – Atheismus, reklamehaft
überkleben. (Ich protestiere hier übrigens einmal ausdrücklich gegen die Erschleichung, die in
dem Wort »Atheismus« liegt : als ob sich »Theis-
mus« von selbst verstünde ! In einem Weltparla-
ment wären ja die Christen, mit nur 30% der
Sitze, eine ausgesprochene Minderheit.)

Obwohl also von Stifter an Temperament,
Weltanschauung, und sprachlichen Absichten
grundverschieden, gehöre ich dennoch – und so
sehr er selbst dagegen protestieren würde ! – zu
seiner Schule. Seine berühmte abwehrende For-
mulierung vom »sanften Gesetz« bedeutet auch
mir die gültige Ablehnung artfremder klappern-
der Handlung; die Lüge der »Aktiven«, daß am
Menschen und durch ihn stets planvoll-bedeu-
tende Aktion vor sich geht, ist zu bekämpfen : sie
entspricht nicht der Realität.

Schon bin auch ich ungerecht geworden, da
ich die fliegenhaft surrende Handlung schmähe,
wo sie doch nur »das Andere« ist; aber im All-

gemeinen sind ja in tausend Fällen neunhundert-
neunundneunzigmal »wir« die Angegriffenen;
und wenigstens alle hundert Jahre einmal muß ja
auch die Wahrheit, »unsere« Wahrheit, gesagt
werden.

You this way. We that way.

FLUCHT VOR DEM WERK

Zugegeben : zunächst ist es durchaus so, daß der Schriftsteller sein erstes gedrucktes Buch mit hoher Lust betrachtet; ein Gefühl, keinem anderen vergleichbar. Weiß man doch nur zu genau, wie man selbst die alten vergilbten Bändchen irgendeines Lieblingsdichters entzückt gelesen, und ehrfürchtig hin und her gewendet hat : allein die Möglichkeit einer direkten persönlichen Einwirkung noch nach Jahrhunderten ergibt einen berauschenden historischen Hintergrund – das wohl handgreiflich=größte Stückchen »Unsterblichkeit«, das uns Menschen erreichbar ist.

Und konsequent trägt ETA Hoffmann am 26. Oktober 1803 in sein Plozker Tagebuch ein : »Mich zum ersten Mal gedruckt gesehen im Freimütigen. Habe das Blatt zwanzigmal mit süßen, liebevollen Blicken der Vaterfreude angeguckt : frohe Aspekten zur literarischen Laufbahn !« Goethe gibt zu : »Schon meine Mitschuldigen hätte ich gern gedruckt gesehen !«; und vom Goetz : »Mir gefiel es gar nicht übel, meine wilde dramatische Skizze nach und nach in sauberen Aushängebogen zu sehen; sie nahm sich wirklich reinlicher aus, als ich selbst gedacht.«

Und Fouqué, der Schöpfer der »Undine«, gesteht aus der Zeit seiner Schlegelschen Schülerschaft : »Ich war dazumal wie besessen von einer albernen Lust, mich gedruckt zu sehen, und zwar in ausnehmend eleganter Form.«

Theoretisch möchte man nun folgern, daß das so bleibe; daß der Dichter keine angenehmere Erholung kenne, als in einer Freistunde seine Werke wieder einmal zur Hand zu nehmen, lächelnd und nickend darin zu blättern, und überhaupt »recht was auf sich zu halten«, wie Hoffmann es später ironisch formuliert hat. Wie befremdlich klingt da zunächst die Wahrheit !

So schreibt klipp und klar Jean Paul anläßlich der Vorrede zur zweiten Auflage der »Grönländischen Prozesse« : »Bei dieser Gelegenheit lernte ich dasselbe, da ich es seit mehr als anderthalb Vierteljahrhunderten nicht angesehen, wieder kennen, und las es völlig durch.« Als Wieland bei Gelegenheit der Herausgabe »Sämtlicher Werke« seine Jugendarbeit, »Die Natur der Dinge«, mit aufzunehmen beschloß, erfahren wir, daß er es nach siebenundzwanzig Jahren zum erstenmal wieder in die Hand nahm; und so groß war die Entfremdung gegenüber dem Text geworden, daß er, um Anmerkungen ersucht, bei manchen Stellen bekennen mußte, er wisse nicht mehr, was er seinerzeit dabei gedacht oder gemeint habe ! Und das ist gar nichts Einmalig=Erstaunliches : der englische Dichter S. T. Coleridge setzt mehrfach unbefangen Anmerkungen wie diese unter seine Arbeiten : »Das sind ausgezeichnete Verse – obwohl, ich, der Verfasser, das selbst sage – dennoch soll man mich hängen, wenn ich jetzt noch weiß, was ich dabei gedacht habe !« – Am 27. Januar 1799 sitzt Jean Paul mit Wieland, Schiller, Herder und Goethe am Tisch – welch eine Tafelrunde; wer würde nicht ein Jahr seines Lebens für einen Platz dabei geben ! – »Hier sagte mir Goethe, der nur allmählig warm werden will : er habe seinen Werther zehn Jahre nach dessen Schöpfung nicht gelesen, und so Alles : wer wird sich gern eines vorübergehenden Affekts, des Zorns, der Liebe, usw. erinnern ?«

Hier ist man einer Erklärung des bestürzenden Phänomens schon ganz nahe : so tief ist das Erlebnis gewesen, so giftig=klar hat man sich Alles machen müssen – um es in bewußt niedergeschriebenen Worten fixieren zu können : man durfte nicht einfach unbekümmert »fühlen«, wie die glücklich Anderen! – so schamvoll=aufreibend hat der Dichter aus seinen Adern mitstenografieren müssen, daß er später instinktiv aus Selbsterhaltungstrieb jede Erinnerung an das Erlebnis flieht ! (Natürlich wird er logischerweise dann darum »ärmer«, löst sich langsam auf, in sein Werk). Und nun ist Fouqués Geständnis auf einmal doch wieder »natürlich«, wenn er am 6. Juni 1810 einem Freunde schreibt : »Ich saß gestern Abend allein in der großen Halle, die Anderen waren alle ausgeflogen. Es gewitterte, und die Luft war grau und rot und zuckte. Ich griff mir auf dem Klavier Miltitzens Komposition des Narrenliedes, und nahm dann meinen Alwin selbst zur Hand, um darin zu blättern : ich vermochts nicht ! So maßlos folterte mich die Erinnerung, daß ich aufschrie, und mich vor dem Buch verbarg !«

Denken Sie also in Zukunft, wenn es wieder einmal im Radio heißt : »Der Dichter liest aus seinen Werken«, auch hieran: daß er wahrscheinlich lieber alles andere tun möchte.

DICHTER UND IHRE GESELLEN.

Daß nicht dem Dichter (›tatenarm & gedankenreich‹)
die Welt gehört, dürfte eine Binsenwahrheit sein;
er, das Siebenschlafkissen unterm Arm, erscheint
bekanntlich erst, wenn sie ›weggegeben‹ ist. Also
müssen wir, um (auch äußerlich) ein bißchen
leben zu können, ein ›Wahlbündnis‹ eingehen.
Fragt sich : mit wem ?

Burke, Maistre und Golo Mann (welche Tonika !) empfehlen uns Adel und Kirche; oder, nach einer uns
geläufigeren Formel, Thron & Altar : Onward,
Christian Soldiers ! – Von diesen repräsentiert
der Thron die Staatsgewalt; er, – ich will es kurz
machen – im Frieden Beutelschneider, im Krieg
Henker, ist unser Feind !

Altar ? ? : Ich schlage den Großen Brehm auf;
ich lese darin von der Sphaerularia Bombi Dufour : das haarfeine Würmchen erleidet, ge-
schlechtsreif geworden, grundsätzlich Scheiden-
vorfall; das umgestülpte Organ beginnt zu
wuchern, bis es zwanzigtausendmal so groß ist,
wie sein Ursprungstier : so lebt das Wesen in
Hummeln – wer diese Welt schon als ›Werk‹ be-
zeichnen will, füge wenigstens ehrlich hinzu :
eines Halbirrsinnigen !

Also nichts für uns; weder heilige noch profane Aufmärsche !

(A propos Aufmärsche : wie wäre das : ›Kinderheere‹ ? ! Kinder sind waghalsig, gelenkig=geschmeidig; intolerant, da ohne Erfahrung und Verständnis, und ganz leicht zu fanatisieren; kennen auch keine Gefahr; sind unbekannt mit den Lebensgenüssen, geschlechtlich ohnehin Neutra, die Mädchen A=Mazonen in jedem Sinne : und der Gegner würde wahrscheinlich noch zutraulich=mitleidig ! Es handelt sich schließlich nur darum gewichtsmäßig leichte Waffen für sie herzustellen; als Hordenführer kleingewachsene glattzurasierende Menschen : es wär' ja nicht das erste Mal !)

Aber natürlich haben sie Hofsänger und Butler überreichlich genug, beide, Gott und die Vaterländer. Die Bulldoggen schnauzen ihr ›Helm ab zum Gebet !‹; die Feinen ermuntern zum ›einfachen Leben‹ : Todos=juntos ! Todos=juntos !

Dabei : wenn Kunst und Technik lediglich auf die Antriebe und Arbeitshypothesen des Christentums angewiesen wären : in Höhlen wohnten wir noch, fellgekleidete Anachoreten, schäumenden Mundes um Dogmensplitter keifend ! Höchste Spitze Dostojewskifiguren : Menschen ohne Renaissance; formlos; brackwassertretend; in allen roten boroughs kauernd, und literarische

Schwedentrünke vomierend : ». . . Es danket
DIR mit Herz und Mund / die arme sünd'ge
Made. / Dein Leichnamsduft durchweh' dies
Haus, / Dein Blut bespreng die Herzen . . . . .«.
Die andere Seite würde Herms Niels und ähnli-
che Shatterhands beisteuern. –

›Vorüber, Ihr Schafe, vorüber . . . !‹

– – – –

Außer Staat und Kirche aber bedrohen uns 2 weitere
wesentliche Gefahren :

1.) Vom Dichter her ! : Das ist der Fluch und
Einwand gegen so Viele unter uns, daß sie mit
bewegter Zunge ihren Abscheu vor der Technik
aussprechen ! Das ist nicht neu : schon Schiller,
Fouqué, Tieck, gaben einem Widerwillen gegen
die Mathematik ungescheut Ausdruck; ohne sich
scheinbar im Geringsten darüber Gedanken zu
machen, daß sie damit in unverantwortlichster
Weise die Realität desavouierten; die verhängnis-
volle Kluft verbreiterten, an deren Rändern wir
heute verdutzt stehen. (Der Einzige, der *etwas*
davon ahnte, und sich um Naturwissenschaften
und Technik aller Art bemühte – obwohl leider
nur vom rein Optischen her; wenn er von astro-
nomischen Maßeinheiten hörte, wurde auch ihm,
als müsse er ›unsinnig‹ werden ! – war Goethe. Der
Einzige, der sich Fördermaschinen besah, während es ringsum noch von ›Erdmännlein‹ faselte.)

Dabei stürzen ›Unsere Dichter‹ also zwar mit kokett gespreizten Fingerbüscheln davon, wenn ein Wort von Cassinischen Kurven fällt; lassen sich aber andererseits leidenschaftlich im Auto fahren (heimlich triumphierend, daß sich wieder ein paar liebenswürdige imbeciles mehr gefunden haben, die dergleichen für sie erfinden und steuern : ›Geisteswissenschaften‹ als Entschuldigung, daß man lebenslänglich ›gefehlt hat‹ !) Die Kunst ist immer ein beliebter Treffpunkt von Dunkelmännern und Träumern gewesen; die Dichtung nun gar die Normaluhr, wo solche Pärchen ihre Stelldicheine abhalten : was ermöglicht, zumindest erleichtert, denn eigentlich solch ortsgebundenen Spuk ?

2.) Der Techniker seinerseits, der die Realität emaniert, steht vor der Gefahr, der z. B. ähnlich der hochintelligente Schachspieler unterliegt : der 5 Stunden lang, ohne 1 Wort zu benötigen, geisterhaft hochgezüchtete Spiel=(für ihn Lebens= !)regeln vollzieht !

(Man könnte ein Morlockengeschlecht heranziehen, das wortlos Lichtschalter, usw., bedient; ganze Ordnungen von alalischen niederen Technikern : Spezialkolonieen in Nevada oder Sibirien. ›Hamm‹ = Essen (›Hamm=Hamm‹ gleich Sonntagsessen/Braten); ›Gluck‹ = Trinken (›Gluckgluck‹ gleich Schnaps); dann noch ein paar Wortstummel für Schlafen, Roboten, Begatten (Preis & Ansporn), Zahlen und Logarithmen; reichliches Vokabular für die verschiedenen Schraubenschlüssel; in der knappen Freizeit Schach und Musik. – Eine solche Sprache könnte auch absolut spionensicher gestaltet werden. Die Menschen eingeteilt in 100=wortige; 1.000=wortige. – (Bei Gelegenheit noch weiter ausbauen).

Zurück ! : Das also sind die beiden Gefahren unserer heutigen Welt !

Die Gefahr des Technikers (er, als der wirtschaftlich Stärkere, kommt höflich zuerst ! : daß er die deutsche Dichtung mit Stifter, Storm und Conrad Ferdinand für hilflos=›abgeschlossen‹ hält (bzw. deren Fortsetzer, gewiß). Die des Dichters, daß er sein Steckenbleiben im Bilderdschungel als Absicht ausgibt; und ein buddhistisches Lächeln für einen Befähigungsnachweis hält.

Aber der Dichter hat keine Einsicht in den Bau unserer Welt, wenn er nicht aufmerksam und mit Begierde die Arbeit des Technikers und Naturwissenschaftlers verfolgt ! Und der Techniker muß einsehen, daß eine ärgerlich=Langbeinige nicht bloß ›einschaltet‹; sondern : »sie gab dem Schalter einen tückischen Kleinklaps« : so heißt es !

Ist es nicht schrecklich ? ! : Wir sind heute soweit, daß
wir im erschütterndst=ratlosen Dreiecksverhält-
nis zueinander stehen : in A der Techniker im
Formelpanzer; in B der Künstler in buntschil-
lernder Nebeltarnkappe; in C das unsäglich ar-
beitsüberlastete Volk – alle Drei hin= und herhu-
schenden Priestern und Demagogen gleichmäßig
ausgeliefert ! Wir stehen wie die Neger voreinan-
der; unfähig, uns zu verständigen : das Volk
nennt den Künstler ›verrückt‹, weil es keine Zeit
und vom Staat (absichtlich ?) zu wenige=falsche
Ausbildung erhält, um ihm bewußt folgen zu
können. Der Künstler schilt das Volk ›verständ-
nislos‹; den Techniker ›unmenschlich‹ (obwohl es
wiederum nur der Staat ist, der die Arbeitsergeb-
nisse der Naturwissenschaften machtvoll ver-
fälscht !). Der Techniker verläßt enttäuscht die
Ebene der faulen Landessprache, und entwickelt
sich sein eigenes Esperanto; oft unbeholfen genug, man denke nur an den larvenhaft=viel-
gliedrigen ›umgekehrten Uhrzeigersinn‹.
Dabei sind wir doch eine Notgemeinschaft von Schiffbrü-
chigen auf einem Kugelfloß; gefährlich umbran-
det von Ätherwellen weißer und schwarzer
Strahlung. Von Haien aller Art um die Mitte
gepackt; periodisch vor alle blanken Kanonen
gebunden; wer zu unbequem ist, wird einge-
sperrt. Schon werden unsere Lebensmittelvorrä-

te spärlich; alle Flöze schwinden; ›verhouwen ist
der walt‹ – und wir wollen hadernd in den Ecken
des Floßes stehen ?

– – – –

Wir brauchen Dichter, die sich der Unendlichkeit ver-
schließen : so wie sie uns verschlossen ist ! Die den
Begriff der Universalität ablehnen, weil hinter
ihm eine verführerisch=falsche Arbeitshypothese
steht : wir wollen Lücken nicht nur zugeben, sondern einrichten. Wenn wir in der Unendlichkeit
unverschuldet=schlechte Figuren machen –
wohlan : versuchen wir, wie wir uns in der End-
lichkeit ausnehmen ! Lassen Sie uns unsere un-
zulänglichen biologischen Ausrüstungen wie
ebensoviele Orden tragen : wir sind unsere Arbeitskraft ernsthafteren Dingen schuldig, als
Ewigkeit und Unendlichkeit ! (Wir sind schuld-
los Gehandicapte ! : Müdigkeit fällt uns periodisch. Krankheiten verändern unsre Vernunft;
auch Flüssigkeiten, wie Alkohol oder Kaffee.
Hormone erzwingen sich Begierden. ›Natürlich‹
schleppen wir Urväterhausrat in jeder biolo-
gisch=schleimigen Beziehung mit uns herum; wir
erhalten uns mühsam vermittels Impfungen und
chemisch behüteter Nahrung, und werden trotzdem die Opfer aller Schmierinfektionen).

Selbstverständlich gibt es parapsychologische
Reste; aber aus dem Bewußtsein sind wir sie

schon so ziemlich los : nun auch fort mit ihnen
aus dem berüchtigten Unterbewußtsein ! Hüten
wir uns vor bodenloser Mystik, oder der ver-
dächtig=gleichnamigen Verehrung der ›Primiti-
ven‹ : hören wir auf mit ›Negerdichtung‹, ›Chinesischen Romanen‹ und ›Indischer Lyrik‹ : das
können wir längst; und haben das früher, vor
Jahrtausenden auch gemacht !

Also ein Bund mit der Technik, jawohl! Und wir Dichter
müssen noch verdammt dankbar sein, wenn wir
dort akzeptiert=finanziert werden ! Lassen Sie
uns vorher, ehe wir Jenen dieses historisch wichtigste aller Bündnisangebote machen, in unserer
literarischen Ecke Klarheit schaffen ! (Was soll
werden, wenn wir demnächst auf dem Mars lan-
den, und eine komplette ›Neuwelt‹ ›benennen‹
müssen ? ! Bewerben wir uns um das Vertrauen
der Techniker, daß man dann wenigstens auch
ein paar Dichter mit heranzieht – das Problem ist
dringlicher, als Langmichel Grinsemaul vermu-
tet !).

Lassen Sie uns die Sprache handlicher machen; etwa
den Vokalüberschuß ausfällen : welch Glück,
daß wir wenigstens das (nur von Germanisten
aus Berufsgründen bewunderte) Gestammel des
Mittelhochdeutschen los sind ! (Was man sich
stumm auf den Kopf stülpt, ist bestenfalls ein
›Zobelhut‹ : nie ein ›hu=ott von zobbele‹. In

81

Köln hörte ich einmal Parzival verträumt fragen : »Was duftet Ihr so süß ? : Seid Ihr dännä Balumännä ?« : seitdem weiß ich, was Mittelhochdeutsch ist !).

Lassen Sie uns doch mit der Sprachentwicklung entschlossen Schritt halten ! Im Schreiben haben wir's längst schon eingesehen : Millionen stenografieren flink, *und* leisten ein Vielfaches gegenüber den Langschriftigen ! Warum sträuben wir uns wie die Unsinnigen (die wir sind), die Konsequenz etwa aus der handlichen Einschleifung des praktisch ausgestoßenen End-›e‹ zu ziehen ? »Komm Si her !« ruft ein Jeder; »Kommön Sieh« heißt's höchstens noch bei Großherzogs.

Und weisen wir doch einmal bescheiden und ehrlich unser konstruktives Rüstzeug vor, das dem Kalkül unterworfene : der Herr Dichter wird dann, meist zu seiner eigenen Überraschung, sehen, daß seine Ähnlichkeit mit dem Techniker größer ist, als er je ahnte. Geben wir doch zu, daß wir uns in unserer formalen ›Technik‹ (da ist das Wort ja schon !) entwickeln : und sagen wir nicht ›entwickeln‹, sondern das viel treffend=ehrlichere ›experimentieren‹ (was Dichter, Leser und Rezensenten gern mit ›probieren‹ verwechseln : probieren ertappt's bestenfalls. Experimentieren, d. h. das Anstellen bewußter Versuchsreihen, *muß* früher oder später, mich oder meinen Fortsetzer, zum Ziel führen ! Transformation ist nicht Verzerrung !).

(Von diesem Gesichtspunkt aus ist nicht mehr Goethe, mit seiner schülerhaft zusammengeleimten Prosa der ›Meister‹ oder ›Wahlverwandtschaften‹ unser Kirchenvater – *dafür* hatte er keine Hand –; sondern Christoph Martin Wieland, ein Mann, der es verdient hätte, daß alle Prosaschreiber ihren ersten Meridian durch seinen Schreibtisch zögen : *ihm* war Prosa mit nichten das Freibankfleisch der Dichtung ! Nun verlagert sich endlich der Schwerpunkt von Klopstocks ›Messias‹, mit all seinen himmlischen Pflastertretern, auf die ›Gelehrtenrepublik‹ und die ›Grammatischen Gespräche‹. Nichts ist formal von Jean Paul zu lernen; wohl aber von dem völlig unbekannten Karl Gottlob Cramer).

Wir Heutigen sind selbst schuld, wenn man uns für Schwätzer hält! Wir, mit der vorgeblichen Unüberprüfbarkeit der Genesis unserer Kunstwerke. Freilich gibt es viele Dichter, die, anstatt ehrlich zu arbeiten, lieber ›um Kraft beten‹; und dann drauflospfuschen, solange der Vorrat reicht. Die, wenn sie einen Roman beginnen, selbst ja nicht wissen dürfen, ›wie es ausgeht‹; und es für das untrügliche Kennzeichen gehaltvoller Geister erkennen, daß solche nie einen Fuß in eine Großbibliothek setzen. Erst vor wenigen Wochen erklärte mir ein bekannter lebender Kollege, daß er nie eine ›seiner‹ Landschaften je mit Leibesaugen gesehen habe; ein anderer gestand, daß sich in seine Romane, ihm selbst belastend=angreifend immer wieder neue Figuren drängten – :

Das ist dann natürlich die alte kokette Theorie vom Dichter als Mundstück göttlicher Intentionen ! Dann allerdings stehen sogar wir Dichter einander entscheidend in 2 Kategorien gespalten gegenüber : die einen, die sich einbilden, vom ›Priester‹ herzustammen; und wir andern, die wir ehrlich genug sind, unsere Herkunft vom Hordenclown zuzugeben, vom Stammespossenreißer ! Überlassen wir die Profeten ihren Visionen : das hat doch Alles keine Form ! ! !

Diese, die Feinde im eigenen Lager, sind es auch, die den Technikern die Atombombe vorwerfen : anstatt Gott seine Superatombomben der Sonnen vorzuwerfen ! Die nur fünfzig Jahre allein gelassen : dann gingen wir sonntags eben nicht zum Fußball, sondern zur neuesten Hexenverbrennung; statt Boogiewoogie liefe das gleich ewige Gebet. Es kann ja sein, daß besonders veranlagte Individuen auch nachts hellzusehen vermögen : aber mit dem Lichtschalter kann's selbst der Ärmste ! Zum Tode führt immer das Leben; das ist nun mal

so, the first statute in Magna Charta; aber wenn
ich schon die Wahl habe, will ich lieber sterben,
auf die Ogivalkappe einer Wasserstoffbombe gebunden, als in den Folterkellern heuchlerisch=lie-
bepredigender Inquisitoren! (Und Auspuffgase
ziehe ich dem feinsten Qualitätsweihrauch vor :
besser reinlich verascht werden, als schleimig ver-
faulen. Natürlich habe auch ich einen Blinddarm;
aber bin ich stolz darauf ? ? : rausnehmen laß' ich
ihn mir allenfalls, Messieurs !).

Völlig verkehrt allerdings wäre ein Eingehen auf ex-
pressionistische Versstummel; ein Kultivieren
von Gedanken= und Bildergeschmieren in bloßen
Andeutungen, das unvermeidlich zum sprachlo-
sen Vollziehen hin konvergieren würde : das hie-
ße, wie schon gesagt, nur der ohnehin gefährlich
vorhandenen, beruflich begründeten, Neigung
der Techniker Vorschub leisten, Vierfünftel der
Gehirntätigkeit in wortlose Denkspiele zu verlegen – wir wollen den verdächtig dürren Ast, auf
dem wir, Hoppla Kultur, mühsam balancieren,
nicht noch selbst absägen ! Nein, nein ! : keine
Isopolitie zwischen Technik und Dichtung vor-
täuschen ! Gegenseitige Anerkennung und Un-
terstützung : das ist's ! Nicht, daß Einer den
Andern gefällig nachahmt (wobei die Dichter
ohnehin wieder die Dummen wären !).

– – – –

Resümee : *Wir Menschen* sind dabei, aus und für uns eine eigene Welt zu emanieren. Eine Welt, ausgezeichnet vor allem durch Gebilde von zweierlei Provenienz : die der Technik; und die der Kunst. (Staat, vermittels Krieg und Verwaltung, und Kirche, vermittels Scheiterhaufen solange das anging, dann geistiger Bedrohung, haben eine ungestörte Entwicklung bisher verhindert : wir sind in beiden lange nicht soweit, wie wir sein könnten. – Unsere Ähnlichkeit auch darin : frühe Techniker wurden seit Cerams Zeiten als Zauberer verbrannt; frühe unbefangene Dichter als Ketzer und Gotteslästerer : wir sind schon Brüder !). Legen wir vor, was wir trotzdem geschaffen haben : die Techniker, ständig in Aufbau und Wiederaufbau begriffen; die Künstler, die wahren, fleißigen.

Wer schneidet da schlechter ab ? : Wir, mit elektrisch Licht für den Ärmsten, mit Eisenbahn zur Verhinderung gottgewollter Hungersnöte, und Tetanusantitoxin; wir, mit der ›Neunten‹, mit ›Tempest‹, ›Faust‹ und den ›Staalmeesters‹ – – oder der HERR, mit Nova Persei und Sphaerularia Bombi Dufour ? ! (Bzw. seine Stellvertreter auf Erden, Staatsmänner, Generäle, Päpste, alle das maulaufreißende Wort ›Wahrheit‹ vorm Gesicht !).

Aufgabe : Dichter (sie stehen hier stellvertretend für

86

alle Künstler; sie, weil sie bewußter, d. h. in Worten, arbeiten müssen, als die anderen Schwesterkünste; weil also nur von ihnen aus die erste direkte Verbindung zur klaren Technik möglich ist) – also : Dichter und Techniker zusammen zu schließen, bis alle Menschen eines von Beiden sind (natürlich cum grano salis). Anschließend den Politikern und der Kirche die Macht aus den Händen nehmen (mit ruhiger Gewalt !) : dann wollen wir doch einmal sehen, ob es nicht reinlicher und vernünftiger zugeht ! –

(*Anmerkung:* Von solcher Warte aus gesehen, wirkt der Weg des Ostens als einer der möglichen Versuche in dieser Richtung. – Wenn Ihr mich schon steinigt, will ich wenigstens dafür sorgen, daß der Haufen größer werden muß, als Eure Denkmäler !).

DICHTUNG UND DIALEKT.

Jedermann kann es nach Belieben zur Hand nehmen, das Goethesche ›Jahrmarktsfest zu Plun-
dersweilern‹, und das geläufig geradebrechte
Deutsch=Italienisch des ›Schattenspielmannes‹
schmunzelnd nachplappern. »Ach, wie sie alles
dunkel ! / Finsternis is, / war sie all wüst und leer,
/ hab sie all nicks auf dieser Erd gesehe : / Orge-
lum, orgeley, dudeldumdey !«. Da bietet ›der
Nürnberger‹ Spielzeug und Pfefferkuchen feil;
der Bauer im Winter gebundene Besen; die Tiro-
lerin ihre Bänder. Und schon singt und pfeift es
neu=schrill dazwischen : »Ich komme schon
durch manche Land : / avecque la marmotte.«
Das wirbelt alles so reizvoll und wirklich jahr-
marktsmäßig durcheinander, daß man sich an
dem einfach=kunstvollen Stück nicht satt lesen
kann.

Erst lange nach der Lektüre stellt sich wohl bei
manchem ein klein=leises Bedenken ein : ja, ist
denn das aber auch alles noch ›Hochliteratur‹,
wo die Menschen so ›natürlich‹ sprechen ?

Womit eines der allerernsthaftesten Probleme
der ganzen Literatur angerissen wäre !

Wir wollen einmal die ›reine‹ Dialektdichtung,

so gelungen sie auch sein mag, auf den ihr gebührenden Platz verweisen : die ist, wie ein – in diesem Falle guter – Geist, in ihren geographisch arg umschränkten Kreis gebannt ! Was für absurde Schwierigkeiten hat z. B. nicht ein Süddeutscher, der Fritz Reuter in der Ursprache lesen will, um das bezauberndste seiner Stücke, ›Dörchläuchting‹, kennen zu lernen ! Nicht umsonst hat man Reuter mehrfach ins Hochdeutsche ›übersetzt‹ – wobei dann allerdings aus dem aufrecht=irdenen Mecklenbürger ein verwässerter Allgemeinschreiber vierten Ranges wurde. (Im umgekehrten Sinne gilt ein gleiches für Hebel, dessen ›Alemannische Gedichte‹ ein Norddeutscher überhaupt nicht zu würdigen vermag). Die sich selbst beschränkende Dialektdichtung also, die nie allgemein=deutsche fruchtbare Hochdichtung werden kann, schalten wir aus unserer Betrachtung aus.

Die nächste Stufe ist die der Dichter hohen Ranges, die zuweilen ganze Stücke in ›ihrem‹ Dialekt geschrieben haben. Und der Kenner weiß nichts erschütternd=brusttötenderes als Gerhard Hauptmanns schlesische ›Weber‹; oder, wenn wir 15 Längengrade weiter westlich springen, die hinreißenden Bauernlieder des Schotten Robert Burns – zu denen man allerdings sofort ein Spezialdictionary benötigt. Also auch das ist noch keine Lösung, wenn man als Außenstehender mit begierig trommelnden Fingern davor stehen muß : a treasure locked; ein unzugänglicher Schatz.

Der nächste Schritt aber bringt die entscheidende Befreiung : wenn wir Walter Scott zur Hand nehmen, und, im vorbereitend=hochländischen Milieu reckt sich plötzlich der Häuptling des ›Clan‹ empor, und spricht im normalsprachigen Text ein paar stomachale Worte in Gälisch : »Pibroch of Donuil Dhu !«. Dergleichen wirkt wie eine linguistische Explosion; suggestiv, verzaubernd; *das* gibt dem Leser den entscheidenden Ruck in das vom Autor beabsichtigte Gebiet aus zeitlicher und räumlicher Fremdheit (in dem man einheimisch werden soll !).

Das hat schon der alte Grieche Aristophanes so gemacht; das praktiziert Cervantes in der Schelmengeschichte von ›Rinconette Y Cortadillo‹; so schuldern sie beim unsterblichen Shakespeare; und Wilhelm Busch hat es sogar illustriert : »Wat hett häi seggt so schallt's im Chor / und Besen heben sich empor«.

Wobei allerdings gleich wieder eine sehr ernste Einschränkung zu machen ist : Charles Dickens, ein – meistens – sehr großer Künstler, verwendet mit Vorliebe den ihm heimatlich=geläufigen Cockney-Dialekt des geborenen Londoners.

Nun gibt es aber in Deutschland viele Menschen, die Englisch entweder gar nicht, oder doch nicht *so* gut sprechen, um Dickens in all seinen Feinheiten folgen zu können (und das ist rein geographisch bedingt : am Rhein ist es nützlicher, Französisch zu lernen; in Ratibor Polnisch) – für die müssen also Übersetzungen hergestellt werden. Das ist nicht leicht; es dauert meist hundert Jahre, ehe der genial=gleichgestimmte Übertrager geboren wird. Für Dickens war es Gustav Meyrink, der seine unschätzbare Arbeitskraft jahrelang dem Stoff gewidmet hat; und wer je ›Master Humphreys Clock‹ im Deutschen lesen will, sei auf ihn verwiesen. Aber – keine Rose ohne Dornen ! – Meyrink hat den ernüchternden Fehler begangen, die Dialektstellen (und sie kommen aus Nebel und Watt her; London *ist* nun einmal so gelegen !) in seinem *wienerischen* Dialekt nachzubilden ! Mit dem Ergebnis, daß jeder englischsprechende Leser zusammenzuckt, wenn er an das Paulhörbigerhaft=gemütliche Gewäsch gerät : *das* hätte man nur in Plattdeutsch wiedergeben dürfen ! (Und deswegen vermeide ich es wie die Pest, Theodor Storm in französischer Übersetzung zu lesen : das gibt es im sonnigen Frankreich nicht, die ›Graue Stadt am Meer‹ – allenfalls vielleicht im Bretonischen).

Man sieht aus den angeführten Beispielen :

zahlreiche große Dichter machen das, daß sie die
›Wirklichkeit‹ auch sprachlich nachbilden; in-
dem sie jede ihrer Figuren den angemessenen
Dialekt reden lassen; und das sind die ›Realisten‹,
die dem Leser nicht vorlügen, sie hätten auf ihren
Kreuz= und Querzügen allerorten das reinste
Hochdeutsch à la ›Duden‹ angetroffen.

Man mache sich nämlich von dem Vorurteil
frei, der ›Duden‹ sei die gußeiserne Form für alle
vergangene und künftige deutsche Sprech= und
Schreibweise : er ist vielmehr eine der verhäng-
nisvollsten uns je angezogenen Uniformen ! Wolf-
ram von Eschenbach schrieb seinen Parzival
›zeitgemäß‹, ohne sich um einen ›Duden‹ zu sche-
ren; und nicht minder Luther und Fischart; und
auch wir Heutigen sollten nicht dahinter bleiben !

Denn wie und wovon lebt eine Sprache ?

Es ist eine beliebte Fiktion der – nicht minder
gefährlichen – ›Germanisten‹, daß die ›Dialekte‹
der ›Urquell‹ einer Sprache seien; dem ist aber
nicht – präziser : *nicht mehr !* – so ! Wohl existieren
noch Dialekte (und der Dichter, der sein Buch in
einem bestimmten Jahre, in einem genau um-
schriebenen Raume fixiert, tut gut daran, sich
danach zu richten); aber über ihr endliches
Schicksal kann kaum noch ein Zweifel sein : *sie
sterben aus !*

Denn : der große, entscheidende sprachliche

Nachschub und Antrieb kommt, seit etwa 1850, (und völlig mit Recht) zu 95 Prozent aus Technik und Industrie. Die neuerdings üblich gewordenen Großumsiedlungen verwischen außerdem rettungslos das Bild der lokal begrenzten Dialekte : *und es ist gut so !*

Aber : vergessen wir nie, daß fast alle ›Dichter‹ – inklusive des tyrannischen Handbuches, des ewig=verruchten ›Duden‹ ! – um mindestens 50 Jahre hinter der Entwicklung herhinken ! Den ›Finger am Puls der Lebenden Sprache‹ haben nur *die* Schriftsteller, die phonetisch=präzis sowohl die Technik verfolgen; als auch das organisch=wachsende Sprachgemisch der oberschlesischen Kumpels im Ruhr=›Kohlenpott‹ : »Hast Du Sorgen mit die Deinen ? : / Trink Dich Einen!«

Noch der alternde Klopstock entwarf eine neue Rechtschreibung, nach der es etwa heißt : »Was ist'enn das ?«; Wo er also bei zusammenstoßendem ›ist‹ und ›denn‹ das in der Aussprache nicht gehörte ›d‹ konsequent auch aus der Schrift verweist : und er war einer unserer unbestrittenen ›Klassiker‹, der sehr wohl wußte, was er tat !

›Erstarrung‹ : das ist die größte Gefahr aller Dichtung – : alles Lebens überhaupt !

DER DICHTER
UND DIE KRITIK.

Gewiß, er war bereits ein kranker Mann, obgleich erst Anfang Zwanzig; er hatte die typische Krankheit englischer Dichter : Tuberkulose. Deswegen hielt er sich ja, sobald eine winzige Erbschaft ihn dazu instand gesetzt hatte, in Italien auf. Dennoch waren die Freunde tief erschüttert, als sie ihn, blutigen Schaum vorm Munde, die Finger an der keuchenden Brust, auf der Couch fanden : für *so* krank hatten sie ihn doch nicht gehalten ! Linderungsmittel wurden herbeigeschafft; aber er deutete nur immer wieder mit der dünnen bebenden Hand auf den Tisch, wo das Exemplar der ›Quarterly Review‹ lag. Befremdet nahm man's zur Hand, und fand dort den Artikel John Wilson Crokers, der den ›Endymion‹, diese prächtige, halb griechisch halb romantische Dichtung derart gehässig – und falsch=verständnislos vor allem ! – rezensiert hatte, daß sich die Besprechung heute nur noch als Kuriosum lesen läßt. Heute. Damals regte sich der arme John Keats über diese nicht Verkennung, sondern böswillige Verfälschung derart auf, daß es ihn umbrachte; zumindest sein kostbares Leben um Jahre verkürzte : »Nun singet laut den Pillala / zu mancher Klage Sorg' und Not : / Och orro orro ollalu, / : oh weh, des Herren Kind ist tot.« –

»Schlagt ihn tot den Hund ! S' ist ein Rezensent !« : meinen Sie, daß Goethe mit diesem entrüsteten Ausruf so ganz unrecht hatte ? Also nehmen wir noch ein Beispiel :

Zugegeben; Johann Anton Leisewitz *war* ein komischer Kauz. Von unglaublich nervöser Reizbarkeit : als 1780 sein Herzog Karl von Braunschweig begraben wurde, flüchtete er vor dem Schießen der Soldaten; als er ein andermal in ein Dorf gehen wollte, und am Ortseingang von einer Schaar Hunde angebellt wurde, kehrte er um. So sehr mied er allen geselligen Verkehr, alle Vergnügungen, wich auch jedem Besuch eines ferner Stehenden oder gar Unbekannten aus, daß Johann Heinrich Voss, Matthisson und Eschenburg sich einmal in einem Nebengäßchen versteckten, das Leisewitz auf seinem Heimweg vom Büro – er war Beamter – passieren mußte, um sich eine notwendig gewordene Zusammenkunft mit ihm zu erzwingen ! (Aber ich möchte vorsichtshalber einschalten, daß dergleichen nur dem mit literarischen Arbeiten Unbekannten merkwürdig vorkommen kann; in Wahrheit ist es so, daß der Dichter, bedrängt von Gesichten und Formproblemen aller Art – er spricht mit sich selbst, debattiert mit seiner gespreizten Schreibhand, ballt die Faust nach exakten Abbildungen der Realität in Worten – sich die Gesellschaft anderer Menschen nur selten, und in genau bemessenen Dosen leisten kann). Leisewitz jedenfalls reichte, als der seinerzeit berühmte Schauspieldirektor und Dramaturg Schröder im Jahre 1775 einen Preis für das beste Schauspiel ausgeschrieben hatte, einen ›Julius von Tarent‹ ein – er erhielt den Preis nicht; sondern Maximilian Klinger, auch ein unverächtlicher Name, für seine ›Zwillinge‹. Leisewitz, weniger läppisch ›verärgert‹, als vielmehr an der eigenen Begabung irre geworden, trat nie mehr als Dichter auf. Eine ›Geschichte des 30jährigen Krieges‹ vernichtete er selbst noch; nach seinem Tode mußten, laut testamentarischer Verfügung, seine sämtlichen Papiere, darunter fertige Schauspiele, verbrannt werden.

Aus der Fülle der Beispiele ein weiteres :

Der ›Letzte des Hainbundes‹, Samuel Christian Pape, dessen volkshafte Lieder und Balladen das Höchste erwarten ließen, wurde von der damals entscheidenden ›Jenaer Literaturzeitung‹ so abgekanzelt, daß er praktisch verstummte; allzu gewichtig war der Name, der hinter dem unberechtigt harten Urteil gestanden hatte : August Wilhelm Schlegel !

Und solche Empfindlichkeit gegen – zumeist unberechtigte – Kritikerformulierungen ist nicht etwa auf relativ unbekannte Namen beschränkt : ich zitierte vorhin schon Goethe. Fouqué, der Undinen=Dichter, gestand im hohen Alter, daß ihn jede absprechende Äußerung dieser Art, bis ins innerste Mark treffe, und ihm jedesmal einige böse unproduktive Tage mache. James Fenimore Cooper, der Schöpfer des unsterblichen ›Lederstrumpf‹, athletische 6 Fuß hoch, und, neben aller Gestaltungskraft, auch jeder Derbheit des rauflustigen ›Grenzers‹ voll, Pioneers, oh Pioneers, führte zu einer und derselben Zeit nicht weniger als 52 Beleidigungsprozesse gegen Rezensenten und Zeitungen auf einmal : hätte er uns statt der vergeudeten Zeit doch lieber noch einen weiteren sechsten Band der ›Leather=stokking‹-Serie geschrieben ! –

Die Frage, auf wessen Seite das ›Recht‹ liegt, ist relativ einfach : grundsätzlich auf Seiten der Dichter !

Denn es ist ein volkstümliches Vorurteil, anzunehmen, daß ein Rezensent etwas von seinem Fach verstünde : man vergesse doch nie, daß die größten Namen, zu Beginn ihrer Laufbahn, in der unglaublichsten Art angefeindet worden sind ! Da ist Goethes ›Werther‹ »unsittlich«; sein ›Faust‹ »eine Musterkarte voll Unsinn«. Shakespeares ›Hamlet‹ ? : »Das Hirngespinst eines betrunkenen Wilden« – und dies letztere hat mit nichten irgendein Quidam geschrieben, sondern der sehr große Voltaire ! Wie ehrwürdig dagegen unser Ludwig Tieck, der seinem jungen Freund und ›Eckermann‹, Rudolf Köpke, einst anvertraute : »Ich bespreche nie und nimmer einen Roman; ich weiß zu genau, was für eine unsäglich aufreibende Arbeit die bloße Niederschrift eines umfangreichen Stückes darstellt; ich bin vorsichtig.«

Denn man unterschätze ja nicht die Bedeutung, die im allgemeinen der Dichter dem Echo beilegt. Er ist erschöpft; er hat sich zuschanden gearbeitet; er »zittert wie Espenlaub« (Scheffel nach Vollendung des scheinbar so gemütlichen ›Ekkehard‹); er wartet auf wenigstens 1 Zeichen der Anerkennung seiner grausamen, ›selbstmörderischen‹ Arbeit (denn ein Schriftsteller löst sich ja langsam auf, in seine Werke; den zurückbleibenden schäbigen Rest besieht man sich besser nicht).

Wie zappelig war nicht Voltaire, als seine berühmte ›Zaire‹ uraufgeführt werden sollte ! Er hatte nicht mehr die Energie, selbst ins Theater zu gehen; sondern zog es vor, auf der Straße vom Schauspielhaus bis zu seiner Wohnung eine Staffette aufzustellen, deren Boten ihm von Moment zu Moment Nachrichten von der Aufnahme des Stückes bringen mußten – so daß er, auf seiner Stube, im Schlafrock, alle Qualen, alle Lust, des Autors gemächlich zu empfinden imstande war. Man denke sich, er empfängt die Nachricht ›Das Publikum ist unruhig‹: »Ha«, ruft er, »Ist es möglich, Deine Teilnahme zu erregen, leichtsinniges gallisches Volk ?« / ›Das Publikum applaudiert, schreit vor Entzücken‹ : »Ah, wackre Franzosen; Ihr versteht Euren Voltaire und habt ihn !«. / ›Das Publikum zischt; auch läßt sich Pfeifen hören.‹ : »Verräter, treulose ! Das mir, das *mir* ? !« (Frei nach ETA Hoffmann). –

Es gibt, für den Autor, nur *eine* Möglichkeit, und auch die ist nicht neu (wie, nebenbei bemerkt, nichts unterm Mond – hinterm Mond mag, z. B. für Sputniks, noch einiges möglich sein); bereits der große Sir Walter Scott hat sie angewendet : er las *nie* eine Kritik, sei sie gut oder schlecht. Niemand in seiner Nähe durfte eine Anspielung darauf machen, ob Weib oder Kind, ob Freund oder Schüler. Er arbeitete, und schuf die unsterblichsten Gestalten : »Wenn das Publikum aufhört zu tanzen, höre ich auf zu pfeifen; wenn der Verleger aufhört zu zahlen, höre ich auf zu schreiben« war seine Maxime. (Der wir die schönsten, nicht=auszulesenden Dichtungen verdanken; vom immer wieder verfilmten Robin

Hood an, bis zum ›Herzen von Midlothian‹, usw. usw., 30 derbe Bände hindurch.) Und solch heilsames, jedem Autor dringend anzuratendes Verfahren hat nichts mit gespielter Wurstigkeit oder mühsamer seelischer Diätetik zu tun, sondern ist im Grunde nur der angemessene Ausdruck für die sehr einfache Tatsache : die Kritik liest in 8 Tagen kein Mensch mehr; das Buch steht nach 100 Jahren noch in der Bibliothek.

Was ruft Goethe, »Es schlug mein Herz : geschwind zu Pferde«, vom Pegasus herunter dem Rezensenten zu ? : »Es will der Spitz aus unserm Stall / uns immerfort begleiten; / doch seines Bellens lauter Schall / beweist nur, daß wir reiten !«.

DER PLATZ,
AN DEM ICH SCHREIBE.

> MEFISTA, *(in männlicher Tracht; Faust präsentierend)* : ... : der Herr ist Autor.
> SORBIN, (jung, 15=jährig, in anmutig gebrochenem Deutsch) : Was iest ain ›Au=torr‹ ?
> MEFISTA, *(rasch gefaßt)* : Ein Autor ? : ist Derjenige, dem ›ein Stock im Petticoat‹ beim Anblick dessen einfällt, wozu ein Leser zeitlebens ›Schirm‹ sagt.
> (ARNO SCHMIDT, FAUST, IV. Teil, Szene 16)

Als ich hier einzog, besaß ich, u. a., auch 2 alte Schreibtisch=Seitenschränkchen – die Platte, die darüber gelegen hatte, war alt, und hatte sowieso nie genau gepaßt; (obwohl sie beste Dienste geleistet hat, wohlgemerkt; und sogar noch leistet; ich habe viel historischen Sinn – »*zu* viel« wird Mancher murmeln; Der kennt dann nur Fouqué) – und infrage kam nur die 1 Dachstubenecke, die schräge Wand nach Nord, das Giebelfenster nach Ost. Da kam mir – ich will es nur gestehen; es war, als die Maurer auch ›improvisierten‹, und die eingefrorene Pumpe mit Tapetenresten auftauten – der Einfall, ebenso billig wie genial : beim Tischler eine dicke Sperrholzplatte zu bestellen, 2 × 2 Meter; aus der einen

Ecke wurde ein Viertelkreis, Radius 1 Meter 20, herausgesägt; und fertig war die allerschönste Schreibfläche, ›Limba‹=bezogen, ein Hölzernes Meer von 3 Quadratmetern!

Denn ich brauche Platz. Nicht für meinen Bauch, (einen Artikel, in dem ich wenig vermag); sondern für Zettelkästen, Mappen, und vor allem die Tisch=Bibliothek, im Viertelkreis um mich aufgestellt, haarscharf=dergestalt, daß ich sie, ungestüm=vorgebeugt, noch erreichen kann – ich hab' lange Arme ! Es sind mit nichten immer dieselben 70 Bände. Ich unterscheide da streng 2 Abteilungen : den ›festen‹ Bestand, und den – je nun, ich sage in der Schnelle, ›fließenden‹.

Der ›feste Bestand‹, das sind natürlich die kleineren Nachschlagewerke. Einmal Wörterbücher – ich übersetze (und fleißig, obwohl ich das selbst sage) aus dem Englischen und Amerikanischen, und es sind immerhin schon 15 Bände – ein untersetzter WEBSTER von 1854 (und das ist wieder einmal mehr *keine* Posse : ich besitze speziell diesen Jahrgang, weil ich COOPER=Fachmann bin; und immer noch die Hoffnung hege, daß meine Übersetzung des ›Conanchet‹ doch einmal erscheinen werde; worauf man mich ja, unvermeidlich=begeistert, sogleich mit der ›Littlepage=Trilogie‹ beauftragen würde, wenn nicht gar mit den ›Monikins‹. Und da COOPER 1851 starb, enthält der genannte WEBSTER genau seinen Wortschatz !); der MURET=SANDERS, JUNKKER, undsoweiter undsoweiter. Das, in diesem Zusammenhang zu erwähnende, Buchderbücher freilich – ich meine die ENCYCLOPAEDIA BRITANNICA – steht, mit ihren 16 Dünndruck=Doppelbänden, hinter mir; dazu muß ich leider aufstehen; wer wohnt schon vollkommen ? Geschichts= und Hand=Atlanten. Der THESAURUS LOGARITHMORUM mit seinen 10 Dezimalen (›semel in anno licet insanire‹). Der komplette BRÜMMER (einen GOEDEKE oder den neuen KOSCH kann ich mir nicht leisten; und wie ich den FRELS vermisse, mag ich gar nicht sagen !). Neben den beiden Jahrgängen des KÜRSCHNER, 1908 und 24, ein ›Handbuch der Pilzkunde‹ – man lebt nicht ungestraft ›auf dem Lande‹. Literaturgeschichten : für die ältere Zeit bediene ich mich, nach langer Prüfung, kurioserweise des Wolfgang MENZEL; für die neuere des unvermeidlichen SOERGEL; für die neueste – ach, wissen Sie, wenn man selbst das Frou=Frou miterzeugen muß ..... An Konversationslexika sehe ich auf dem Tisch nur den kleinen KNAUR; tcha und dann – ich weiß, es gilt vielerorts als ›unpatriotisch‹ – das 8=bändige DDR=Lexikon. Nicht, daß ich die oft bestialische Vernageltheit seiner Urteile über Kunst teilte; aber die Daten sind

vorbildlich genau, und das Material über den
›Ostblock‹ durchaus unverächtlich – ich kann
mir nicht helfen; ich laß' es jedenfalls erstmal
stehen.

Und nun 1 ausgesprochener Akt der Selbstver-
leugnung – es ist ein bisher noch viel zu wenig
gewürdigtes Kapitel – meine ›Namensquellen‹.
Es ist nämlich ›bei Schriftstellers‹, zumal bei deutschen, wo es nach heiliger Tradition pausenlos
heißt ›dicht=Er & denk=Er‹!, so, daß man laufend
viele Namen benötigt; bald wohlklingende, bald
banale. Meist weiß man (bei häufig auftretenden
Hauptpersonen, um sie mit *einem* akustisch=fone-
tischen Zug sich selbst und dem Leser unverwechselbar zu malen; bei Nebenfiguren, um sie rasch
und ohne Arbeit, aber dennoch solide, zumindest
verantwortbar=ausreichend, zu ›erledigen‹) wieviel Silben der betreffende Name haben muß, um
in den Takt des Satzes zu passen; also auch, welche
dieser Silben betont sein muß, wer es nicht lassen
kann, mag an ›Penultima‹ denken; selbst die Vokalharmonie liegt innerhalb ziemlich enger Gren-
zen fest. Es wäre schon je 1 Monografie wert, bei
jedem Dichter seine Hilfsmittel in dieser Beziehung zu untersuchen; bei FOUQUÉ war es Johannes von MÜLLER. (Bei mir – ich will kommenden
Kommenden die Mühe erleichtern – ist es so, daß
ich – soll ich die Bosheit besitzen, und hinzufügen

›unter anderem‹? – für *deutsche* Namen das Register des ›Hannoverschen Staatshandbuches für 1839‹ verwende, (es enthält immerhin 80.000 zur Auswahl); für ausländische den ›Regenhardt; Geschäftskalender für den Weltverkehr, 1927‹. Da es nun immer Leute gibt, die es lieben, unnötige Fragen zu stellen, erwidere ich auf deren ›Warum?‹: der REGENHARDT lief mir zu; er kostete nur 50 Pfennig, und erwies sich dann als sehr praktisch; für HANNOVER verweise ich, mit abwehrend gewölbten Brauen, auf mein ›STEINERNES HERZ‹.) –

Der ›fließende‹ Bestand ändert sich, je nach dem Groß=Thema, das zur Zeit gerade ›dran‹ ist. Also wechselt Leopold SCHEFER ab mit HIPPEL; der mit LUCIAN oder KARL MAY; dann steht wieder einmal der ODYSSEUS da (des James JOYCE natürlich; über ›Finnegans Wake‹ weiß ich zu gut Bescheid, seit ich ›Bruder Stanislaus‹ übersetzt habe!). Neulich erschrak Einer, als er Jules VERNE so neben Gustav FRENSSEN sah . . . . .

Allerdings ist es, trotz all der aparten Titel, so, daß ich *ganz* sorgenfrei, ›aus Wolluscht‹, überhaupt nichts mehr lesen kann: immer muß ich ›einen Aufsatz drüber schreiben‹. – (Darauf freue ich mich schon sehr: wenn einmal, irgendwann=einmal, ein Mäzen=oder=so auftauchen wird, der mir ›um=meiner=selbst=willen‹ – es ist schwer; ich weiß wohl; ich selbst würd's auch nicht tun – eine monatliche Rente von, nu, sagen wir, 500 Mark ›auswirft‹; und ich dann – ach, es fallen Einem gleich Ausdrücke wie ›Lebensabend‹ ein, und ›buntgeblümter Schlafrock‹, ›The echoing Green‹, ›Der Schnee tröpfelte emsig vom Dach‹, ›Die Nacht wird kalt, sagte der alte Rudolph, vom Wetterfähnlein kreischte es herunter, die Eichen fangen zu rauschen an, lege mehr Holz an den Heerd, Alwin.‹ – tcha, und jetzt hab'ich natürlich den Faden verloren.)

Aber eines ist endlich – etwas spät freilich; und überhaupt ›wie lange noch ?‹ – erreicht : *ich sehe von meinem Schreibtisch aus den Mond aufgehen!*

Was das für mich bedeutet, davon machen sich wenige Menschen einen Begriff. (*Aller*letzten Endes hat es wohl lediglich mit der Sehschärfe zu tun; ich habe, von Kindesbeinen an, so starke ›Minus=Zylinder‹, daß noch jeder Optiker vor rarer Freude aufgejauchzt hat, wenn er meine Brille unter's Meßgerät legte. Ich bin wegen meiner Selenomanie weder ›hyänenhaft feige‹, noch eine ›potentielle Verbrechernatur‹, wie viele meiner Gegner arg gerne möchten – als wenn die Erde nicht groß genug wäre, daß wir Alle darauf Unrecht haben können ! Neinein; ich gehöre wirklich nicht ins Irrenhaus; obwohl ich seit meiner Geburt natürlich darin lebe.)

Zugegeben, ich sehe auch die Sonne aufgehen; aber zu dem blutigen Küchenmädchen habe ich nie ›ein Verhältnis‹ gehabt. ›Sonn'naufgang‹? Was heißt'nn das schon ? ! Einer steht aufrecht, wie ein Wacholder; drei Wolkendamen liegen, in grauen schicken Mänteln, flach, (der Einen läuft's hinten rot raus, brrr !). Gewiß, sie gibt Licht, und vermindert die Zahlungen an den Stromversorgungsverband Osthannover und die Kohlenhändler; aber damit ist es auch gut. – Wogegen der Mond . . . . .

Wenn ich also, im strapazi=ödesten Keinerlei des Vokabeljätens, dem Broterwerb, dem cash=as=cash=can, befangen, nach 14 Arbeitsstunden, aufblicke – : dann ist aus dem Wälderkranz eine dunkelgraue Rundum=Borte geworden. Unten läuft eine Katze vorbei, mit einer Zitronenscheibe im Mund; (sie hat Junge, daher diese, völlig verworrenen, Mutterinstinkte; wenn sie einen Hahnenkopf vom Nachbar anbringt, ist dessen abgesägter Suppen=Seitenblick schon erheblich fataler.) Durch die Spreizhand – manchmal ist mir vom vielen Tippen, als wäre sie im Gelenk abgeschnürt – die mir die Brillenlemniskate zurechtrückt (r gleich a mal Wurzel aus cosinus 2 phi; tatsächlich, ich kann's noch auswendig !) blinzt Jupiter als ›Zugabe‹. Wirklich ver=schmidt=ste Stücke sind nicht mehr möglich : aus ehrlicher Erschöpfung. Wer derart lange, unter Nes=Kaffee=Druck, an JOYCE übersetzt hat, oder FAULKNER, oder, noch schwieriger, ›ANGRIA und der Weg dorthin‹ – ja, diesen ›schäbigen Rest‹ von 1 Menschen besieht man sich besser nicht mehr.

Und trotzdem tastet die Hand schon wieder nach dem Zettelkasten – 2 Sorten stecken, notizbereit, darin : DIN A 9 (37,16 mal 52,56) und DIN A 8 (74,33 mal 52,56 Millimeter); und auch das ist wiederum nichts weniger als eine Pedanterie; sondern schlicht eine Frage der Erfahrung : es liegt am Temperament, wie lang die Stichwortreihe ist, deren man zur Notierung eines Eindrucks bedarf; und ein Zettelchen DIN A 8, hinten & vorn mit winziger Spitzschrift in Sigeln bekritzelt (hi ! die vielen ›i‹=Zinken !) entspricht immerhin einer Buch=Viertelseite. – Also die Hand tastet. Auch nach einem der 20 sehr lang=scharf geschliffenen Bleistifte (›alte Rasierklingen‹ : das ist's !); (und ›Nummer 2‹ wohl; jedenfalls ›weiche‹). Und schreibt :

»... 1 bleiches molkichtes Gesicht durch'n Kronsberg=Wald ...

... flatterndes Volk zog auf marmornem Kreuzweg, stundenlang ...

... Gegen Mitternacht erschien 1 Stück Mond im Himmel. ...«

Aus der Beschaffenheit solcher Neuigkeiten auf den hohen Grad der Unschuld & Einfalt meines pastoralen Wortmetz=Daseins=hier zu schließen, wäre jedoch voreilig. Unser Schicksal heißt Turbulenz; heißt ›kompliziert leben‹; (und das, im Bewußtsein jedes gebildeten Lesers prompt erscheinende, ›Einfach=leben‹ ist nur eine wehmütig=unrealistische Formel, über die man schon im späten Rom resigniert gelächelt haben dürfte.) Nach meinem Arbeitsplatz fragen Sie mich ? Was ich will ? Was ich bin ?

: Warten Sie, bis ich *nicht* mehr bin.

ACH, WIE GUT,
DASS NIEMAND WEISS . . . !

I

»Name ist Alles ! Gefühl ist Schall & Rauch.«
(GOETHE = Zitat, zur Probe gewendet)

Es hat natürlich erheblichen praktischen Sinn, wenn der Held (sei's im Buch, sei's im Leben) plötzlich den Kragen hochschlägt, die Nase dafür listig tiefer ins Gesicht zieht, und, nach seinem Namen befragt, nach leichtem Zögern angibt, er heiße = ä – : »NIEMAND« – ach, da weiß ich schon. (Und daß Odysseus seinerzeit damit durchgekommen sei, kann man heute keinem Schuljungen mehr weis machen.) Den Zweck solch keuschen Verschweigens verrät ja schon das Märchen : wenn ich den Namen für Mensch oder Sache weiß, dann habe ich mich ihrer bereits halb bemächtigt. Kann Erkundigungen einholen über die schwachen Seiten von Herrn Rumpelstilzchen (oder den ›Feuermann‹ der Regentrude); kann über sein Vorleben nachschlagen in irgendeinem ›Huhs = Huh in Dschinnistan‹; und der bloße Umstand, daß Der etwas zu verschweigen hatte, kommt ja auch einer Mitteilung gleich, nämlich der einer Schwäche ! Unter uns Modernen sind es ganze Gruppen von Dunkelfeld=Berufen, die von dergleichen Profession machen : Jünglinge, die der ländlich=schönen Wochenendbraut die Taille verderben möchten; Räuber, Spione, Geheimpolizisten, Diplomaten in besonderer Mission, Könige incognito – also Alles nichts für uns ehrsame Bürger.

Und ich meine jetzt auch nicht ›German Schleifheim von Sulsfort‹ oder die Pseudonyme der Poeten; wenn Tucholski sich in ein halb Dutzend Panter und Tiger verwandelte, dann hatte das überwiegend kommerzielle, ›technische‹ Gründe. Tiefsinniger wird's schon, wenn Andere ihre Individualität ›zerlegen‹, in einen kritischen Teilhaber, der dann die schneidendsten Rezensionen abfaßt; und einen poetischen, der jenen kessen Matador gar nicht kennen soll – 's könnte vielleicht ein Hülfsmittel zur Sonderung und Konzentration bei Mehrfachbegabungen ergeben; durchaus möglich. Andere wiederum legen den eigenen ehrlichen Namen Müller=Schulze=Lehmann ab, weil – tja, sogleich gibt es die bekannten ›2 Möglichkeiten‹ : nämlich a) der Beträffende, ob Herr ob Dame, ist etwas kopfschwach, und ästimirt es für ein rechtes Muttermal des ›Höheren‹, daß ›Der Dichter‹ angemessener ›Charles=Adelaide Dumenhould de Rochemont‹ heiße; oder aber b) er & sein Verleger sind – wahrhaftig nun zwar eben nicht; dafür

jedoch klug – ruchlos genug, um auf die Anfäl-
ligkeit (sprich ›Doofheit‹) des Lesepöbels zu spe-
kulieren, der leider auch bei ›Hermann Goed-
sche‹ das Maul ebenso verzieht, wie er bei ›Sir
John Retcliffe‹ automatisch=wohlgefällig zu
lächeln anhebt. Aber nein : itzt will ich ernsthaft
reden :

> *woher nimmt ein Schriftsteller die Namen*
> *seiner Personen ? – :*

: warum heißt Nathan Nathan; Werther Werther; oder der Held eines der bekanntesten auto-
biografischen Romane ›David Copperfield‹ ?
Wieso serviert uns Blake ganze Schüsseln wohl-
tönender Silblinge wie ›Bowlahoola & Allaman-
da‹; wie kam Joe Smith, der Ansager des ›Buches
Mormon‹ auf seine endlos=unerhörten
Klang=Ringelreihen ›Amaleki & Helaman‹ und
›Curelom & Cummom‹; warum nennt sich die
oder jene Nebenst=Figur bei Stifter ›Lothar‹;
wieso betitelt sich Carroll's größtes Buch ausgerechnet ›Sylvie und Bruno‹ ?

›Reine Willkür‹? – damit kommt man schwer-
lich durch. Ist es doch seit Freud's ›Alltagsleben‹
hinreichend bekannt, daß Einem ›nur so‹ überhaupt nichts einfällt; kein Melodienfetzen, keine
Zahl, kein Sprachteilchen. Also vermutlich auch
kein Name. Ebensowenig wie die Eltern den
Kindern aufs Geratewohl Namen aufheften –

manchmal muß man ›leider‹ sagen, wenn dann, aufgrund übelgewählter Lektüre der Frau Mama, eine bedauernswerte ›Melsene Piepenbrink‹ durchs ohnehin schwer genucke Leben zu irren hat – ebensowenig tauft der Poet die ›Kinder seiner Fantasie‹ willkürlich.

2

»Adieu, mon beau navire !«
(BÉRANGER)

In einem seiner entlegeneren Stücke, den ›Historien von Jean Marie Cabidoulin‹, bemannt JULES VERNE (heute für etwas verstaubt gehalten; obschon sich darüber noch Diverses wird sagen lassen) wieder einmal ein stolzes Schiff; um, wer hätte es anders erwartet, eine seiner Voyages extraordinaires antreten zu können. Da grüßt von der Brücke Monsieur le Capitaine ›Evariste Bourcart‹; da schilt der 2. Offizier ›Romain Allotte‹ usw. usw.; bis hinunter zum letzten Harpunier ›Pierre Cardeck‹ – und Demjenigen, der ein bißchen das Œuvre kennt; & ein bißchen die Vita; & Dessen Gedächtnis (unberufen !) noch ein wenig intakt ist, Der hört es auf einmal wie helle Jungenstimmen schreien : »Heh, Du, Coquebert ! – Paß auf, Du Crest ! «. VERNE hat nämlich auf der Brigg ›Saint Enoch‹ *sämtliche*

Klassenkameraden angeheuert, mit denen er einst
zu Nantes über den Schulhof von Chantenay dès
Pâques tollte – vielleicht gar keine unebene diä-
tetische Maßnahme für einen Siebziger, der
noch einmal Mentalität & Schwung abenteuer-
süchtiger Kindheit in sich wachrufen möchte,
wie ?

    Stichwort ›wachrufen‹ : *eine* Abart solcher Be-
einflussung habe ich stets als die peinlichste bei
aller Lektüre empfunden, die ›Massierung‹ des
Lesers durch sogenannte ›sprechende Namen‹ !
›Sir Morose, ein alter Junggesell‹, ›Cutbeard,
sein Barbier‹ – es geht entsetzlich zu in Ben Jon-
son's ›Epicoene‹. Ein solches Verfahren leistet *zu
viel*. Es hält nämlich nicht nur mich, den Leser,
für einen Idioten, (der sonst womöglich nicht
merken würde, daß ›Walter Biederherz & Laura
Schönlein‹ das brave Liebespaar sind, mit dem
ich zu sympathisieren habe); es wird nicht nur
vermittelst des bloßen Personenverzeichnisses
die ganze Chose verraten; sondern den Gestalten
wird es verwehrt, sich wie glaubwürdig volle
Menschen zu benehmen, vielmehr sind sie von
vornherein zu Typen klischiert. Dergleichen sollte man selbst Nebenpersonen nicht antun. Bei
fremdsprachigen Namen fällt's uns nicht so auf,
der Lessing'sche Weiberfeind ›Wumshäter‹; und
der pariser Kapellmeister ›Dorémus Fasolla‹ ist

114

ja fast schon witzig; aber ein Rundum=Ehren-
mann ›Mister Allworthy‹ (FIELDING) darf nie
mehr aus seiner, ihm auf die Stirn tätowierten
Rolle fallen. Dafür gab es bei uns Zeiten, wo »das
Haus der Gräfin von S. gehörte, die seit vielen
Jahren nicht in *** gewesen« war (ETA HOFF-
MANN, ›Das öde Haus‹). Oder »es war auf meiner
Rückreise nach Kurland im Jahre 17** um die
Karnevalszeit, als ich den Prinzen von ** in Ve-
nedig besuchte – wir hatten uns in **schen
Kriegsdiensten kennen lernen« usw. usw.; das
ganze stirnzusammenziehende ›System‹ ist imgrunde nur ein anderer Ausdruck dafür, daß der
betreffende Verfasser (SCHILLER hieß er übrigens) schlicht zu faul war, seinen Gestalten die
passenden Namen herauszugrübeln. Es ist mir
nicht unbekannt, daß damit angeblich auch eine
›Bildung des Geheimnisses‹ zu bewirken versucht
wird; sowie die Illusion für anfällige Naive, daß
es sich bei solchen Offenbarungen ›Aus den Pa-
pieren des Grafen von O**‹ um vertrauliche
Mitteilungen aus den intimsten Zirkeln des
Hohen Fluges handele – beides Dinge, gegen die
ich völlig immun bin : mich interessiert weder
was ›Prinzessin Margaret‹ bei der letzten Fuchs-
hetze zu äußern geruhte; noch gedenke ich, um
mir die Personen eines (womöglich umfangreichen) Romans merken zu können, das Alfabet in

anderer Reihenfolge auswendig zu lernen. Und wenn 1 Skelett a la ›JEDERMANN‹ auf mich zuschreitet und mit gekonnt=hohler Stimme anfangen will : »Ich bin der Tod . . .« – also dann wäre meines geringen Erachtens die einzig mögliche Antwort : »Dat wäit wi nu.« Ich habe andre Majestäten gesehen, und hoffe nicht zu jenen geistig Armen zu gehören, die neben einem Lichtschalter eine Glühbirne abgebildet sehen müssen. Das ist eine der großen Gefahren unserer Zeit, diese Umgehung des Wortvorrats durch kindliche Bildlein; dieser systematische Unterschleif beim Bewußtwerdenwollen von Fakten; diese staatlich geförderte Regression des Verstandes auf eine heraldisch versimpelte Zeichensprache bei Vorgängen, die der ›Mann auf der Straße‹ ohnehin nur verschwommen wahrzunehmen beliebt.

Nein; derlei Gestümpere gegenüber hat's JULES VERNE doch wohl um 3 Strich feiner gemacht. Einer bemerkenswerten Variante dieses sich=selbst=stimmens durch die Namen des Buches, das man grad unter der Feder hat (›unterm Gefieder‹ : man brütet ja) begegnet man in den Racheakten der Literatur, wo der Autor sich seine Busenfeinde vorknöpft (und sich selbst meist so recht con amore feiert). Die Schwärze der Magie besteht in diesem Falle darin, daß man sich pausenlos in einem selbstgezogenen Teufelskreise des Hasses bewegt & keinen Schritt tun will, ohne nicht sofort an den Zweck des Buches, die Skalpierung des Gegners, erinnert zu werden. Derlei ›Livres à clef‹ dürften auch so alt sein, wie die Literatur überhaupt – von HOMER wissen wir's bloß nicht mehr, wen er sich unter seinem ›Thersites‹ vorgestellt hat; die Landser vor Troja werden's sofort & feixend registriert haben. Die Methode der Verschlüsselung ist in jedem Falle ein Studium für sich. Von der erhabenen Pampigkeit DANTE's an, der die Gegner meist ganz kalt bei Namen nennt, und sie mit einer Selbstgerechtigkeit, die durchaus schaudern machen kann, in die einzelnen Höllentöpfe tunkt (ja ›stippt‹; oder auch kühltruhig ›einfriert‹); über die graciose Tapisserie=Arbeit HONORÉ D'URFÉ's, ein hochstilisierter Garten und auch so ein uns ungeläufiges Bedeutendes; TIECK's unnachahmliches ›Vogelscheuchen‹=Gemix aus ›Dräsdner Liederkreis‹ & Geister=Geistigkeit; KARL MAY's beturbante Ganovenwelten, wo ein Räuber den andern ›Räuber !‹ schilt; bis hinauf zu den letzten Feinheiten von ›Finnegans Wake‹.

3

» There is something in names !«
(LAWRENCE STERNE).

Dabei sind wir wie Schlafwandler auf einem
10=Meter=Sprungturm, und in & um uns ist,
ohne komische Gewaltsamkeit, gleichzeitig Alles
beisammen : Nachthimmel & Nachtmützen;
Milchwagen & Milchstraßen; Stallichter &
Stallmägde; und all diese farbige Fülle von vornherein auf Buchstaben und sprechende Namen
zu reduzieren, ist gröbliche Faulheit. Lauschen
wir kurz dem, was einer der Größten unter den
Großen zu sagen hat ›Über die Täuflinge der
Dichter‹ : »Sogar die Kleinigkeit des Na-
men=Gebens ist kaum eine . . . der Mensch sehnt
sich in der kleinsten Sache doch nach ein wenig
Grund; ›nur 1 Gründchen gebt mir, so tu ichs
gern‹, sagt er. So sucht der Mensch auch im Namen nur etwas; etwas weniges, aber doch etwas.
Unausstehlich ist dem deutschen Gefühle die bri-
tische Namensvetterschaft mit der Sache . . .
aber ganz & gar nichts soll auch wieder kein
Name bedeuten, da nach LEIBNIZ doch alle Eigennamen ursprünglich allgemeine waren; sondern so recht in der Viertelsmitte soll er stehen,
mehr mit Klängen als mit Sylben reden, und viel
sagen, ohne es zu nennen, wie z. B. die WIE-

LAND'schen Namen ›Flok, Flaunz, Parasol, Dindonette‹ usw. So hat z. B. der uns bekannte Autor« – ab hier meint JEAN PAUL sich selbst – »nicht ohne wahren Verstand unbedeutende Menschen einsylbig : ›Wuz, Stuß‹ getauft; andere schlimme oder scheinbar wichtige mit der Iterativ=Sylbe ›er‹ : ›Lederer, Fraischdörfer‹; einen kahlen=fahlen ›Fahlland‹ usw.« Hier ist man dem eigentlichen Problem schon ganz nahe; dieses aber lautet : daß die Namen der Personen irgendwie ›festliegen‹, ist gut & richtig; dennoch WAS ist es, das sie determiniert?

Fast immer weiß (Varianten : ›ahnt, empfindet, fühlt‹) ein Autor, der viele Namen benötigt – bald wohlklingende, bald banale; bei Dem, um ihn mit 1 fonetischen Zug sich selbst & dem Leser unverwechselbar zu malen; bei Jenem Nebenmännlein oder =fäuchen um es rasch und ›ohne Arbeit‹ zu erledigen – fast immer also weiß er, wieviele Silben jeder haben & welche davon betont sein müsse, um in den Satzrhythmus wie auch in den der Assoziationen zu passen. Bei relativ nebensächlichen Namen wird es, meiner bisherigen Einsicht nach, vermutlich bei jedem Autor etwelche Hilfsmittel geben; da ich einiges von FOUQUÉ weiß, beginne ich bei ihm : seine ergiebigste ›Namensquelle‹ war JOHANNES VON MÜLLER, der Stilkünstler & Historiker. Dessen

›Freiherr von Montfaucon‹ (9,86) erscheint in
Fouqué's ›Zauberring‹; der ›Ritter Herdegen‹
des gleichen Romans 22,220; ›Arnold von Bre-
scia‹ (›Sängerliebe‹) findet sich 8,135 erwähnt,
und der ›Herr von Vergy‹ kommt 11,202 vor;
21,238 tritt dann gar sie vor uns hin, die ›Gräfin
Yolande‹ des ›Alethes von Lindenstein‹, dieses Pa-
radestückes der Deutschen Romantik, (und leider auch in absolute Vergessenheit gesunken :
wo ist der Herr Paper=Bäcker oder re=Prin-
ten=Fabrikant, der es uns — aber, bitte, ungehu-
delt ! — wiederschenkte ? !). Einer meiner Bekannten verwendet in solchen Fällen, träumerisch
blätternd & halblaut abschmeckend, ein berliner
Adreßbuch von 1925. Ich benütze für die Na-
mensfindung bei Nebenpersonen das ›Hof= &
Staatshandbuch für das Königreich Hannover
auf 1839‹; dort kann, wer Zeit & Lust hat, sie Alle
wiederfinden, die im ›Steinernen Herzen‹ herum-
lungernden Statisten : ›Thumann, W. Eggers,
Weber, Knocke, Eisendecher, Hoppenstedt‹ etc.
Im ›Nobodaddys Kindern‹ hab'ich das rare
›Jahrbuch für die Hanseatischen Departements,
1812‹ herangezogen; und wenn ich einmal mehrere ausländische Namen benötige, steht links auf
meinem Schreibtisch der ›Regenhardt; Geschäftskalender f.d. Weltverkehr, 1927‹. (»Warum grade er ?« : weil ich ihn geschenkt gekriegt

habe. / »Und wieso ausgerechnet links?« : weil rechts das Fenster ist, und ich den Teufel tun werde, und mir das Licht verbauen : ENDE !).

(Wie Hauptpersonen heißen, bzw. ›wichtige Verdrängte‹ ? – das lassen wir mal beiseite. Es gibt da ›Fixierungen‹, Erinnerungen & die mit ihnen verlöteten Lautfolgen, die sogleich Wichtigstes aussagten . . . . . ich tue wirklich notorisch in der Literatur was ich kann – ›Mehr als das !‹ werden mir Manche sogleich bestätigen – und vermöchte das ›Warum‹ der meisten meiner Namens-Zwänge sehr wohl anzugeben; aber das erforderte Opfer an Stücken der eigenen Persönlichkeit, für die das Publikum fast nie menschlich reif ist. Auch bin ich zu oft schon des ›ruhestörenden Lärms‹ geziehen worden, um anders als in ganz dringenden Fällen noch an den Schlaf der Welt rühren zu wollen.)

4

»»Wie heißt Ihr denn ?‹ – ›Das, junges Frauenwesen, ist eine Frage, leichter gestellt, als beantwortet.‹ – ›Oh, sagt mir nur Eure Namen; ich werde dann, es ist sehr möglich, Euer Wesen schon erkennen.‹«

(J. F. COOPER. ›Lederstrumpf I.‹)

Denn er hatte, ehe er zum mythischen ›Leatherstocking‹ wurde, bereits eine ganze Serie von

Namen geführt, jener als ›Nathanael Bumppo‹
geborene Erz=Stellvertreter aller diszipliniert
Einzelgehenden – etwas ledern einher hagestol-
zierend, zugegeben; aber mir lieber als ›Robinson‹, (wer ›Die Einsamkeit‹ derart als Exil
bejammert, kann noch nicht viel durchgemacht
haben; und was einen Geist anbelangt, der sich
nicht selbst mühelos zu beschäftigen versteht, so
muß der ›hinten auch etwas kurz‹ sein). Zuerst
jedenfalls hießen ihn die Delawaren ›Die gerade
Zunge‹, (weil er für ein Blaßgesicht so auffällig
wenig log); danach, da er ein Junge ward, ›Die
Taube‹, so schnell lief er Botschaften; wenig später, als sie sahen, daß er die Spur des Wildes
unbeirrbar zu verfolgen verstand, ›Schlappohr‹
– »Oh, that is not so pretty, answered Hetty; I
hope, you didn't keep *that* name long ?« – unbe-
sorgt; er wurde sehr bald der ›Wildtöter‹, und
›Falkenauge‹, und ›Pfadfinder‹. – Erhebt sich
vielleicht bei dem oder jenem Besinnlichen die
Frage : hatten jene ältlichen Mohikaner nicht
doch mehr Recht & Rechtsgefühl als wir, wenn
sie bei der Namensgebung für einen Menschen
grundsätzlich eine ›gleitende Skala‹ zugrunde-
legten ? Waren sie, die Wilden, nicht doch bessre
Menschen, ›feinere‹, wenn sie der Wesensent-
wicklung eines jeden Individuums, von De= zu
De= zu Dezennium anschaulich, schrift=zügig,

folgten ? Oder, anders formuliert : muß ein ›Ich‹, nur weil sein Urgroßvater MEYER hieß – von dessen Anlagen es rechnerisch nur noch 12½% bei sich trägt, (immer sogar noch vorausgesetzt, daß, na ja) – aber *muß* es deswegen, zu mindestens 88% ein ganz Anderes, immer noch ›Meyer‹ heißen ? Und seine Enkel nicht minder, in infinitum ? Oder muß ›Die Frau‹, durch zahllose Fremdgenerationen stammbäumig zum Manne hergeästelt, ihren Namen, mädchenverhandelt, einfach verlieren ?

›Unrealistisch‹ ? – klar, das ist auch so ein Gummistempel, mit dem ich immer noch am flinksten die Faulen bei der Hand gefunden habe ! Und Behörden & Statistiken in allen nichtswürdigen Ehren; aber ist man sich klar darüber, daß imgrunde auch wir dieser speziellen Art der Erstarrung aufs munterste Schnippchen schlagen? Ich habe einmal in einer Kleinstadt gewohnt, deren beide ›Seiffert‹ man sehr wohl zu unterscheiden wußte; und zwar als ›Ypsilon=Seyffert‹, sowie, da der Andre sich eines impressiven NIETZSCHE=Bärtchens erfreute, als ›Seehund=Seiffert‹. Denn dort wie überall auf Erden wurden, auf gut=mohikanisch and with a lavish hand, ›Spitznamen‹ verliehen; stets waren sie charakteristischer als der verblaßte offizielle Name, ja oft entzückend in ihrer naiven Bildhaf-

123

tigkeit; obschon der Betroffene nicht immer direkt begeistert war, sich hinterm Rücken ›Blitzschneider‹ genannt zu wissen – nicht seiner Schnelligkeit im Lauf, oder besonders schlagfertiger Repliken wegen; sondern weil er einst, in den Jahren des Buntmetallmangels, einem Nachbarn aus schierer Verzweiflung den Blitzableiter vom Dach entwendet & verkauft hatte. Und nie werde ich den leuchtend hellgrauen Wintertag vergessen, mit dem großen Gesicht der Fischhändlerin davor : *so lila* habe ich in einem langen & übelangewandten Leben noch kein Menschenantlitz erblickt ! Da sah ich ein, warum sie selbst von den Kindern des Ortes (ja, gerade von diesen) – ich will's lieber übersetzen; sie befindet sich keine 100 Meilen von hier – ›lilac=face‹ genannt wurde.

Handelt es sich doch um eine, meist nicht mehr empfundene Lücke in unserer, sowieso heillos einschrumpfenden, Lust & Kraft zur Bildhaftigkeit, die solchergestalt von einem, längst nicht genug gewürdigten Seitenast der Volkspoesie immer noch aufs Putzigste ausgefüllt wird. Selbst bei der scheinbaren Nebensache der Namensgebung nämlich haben wir häufig=Erstarrte uns erst wieder daran zu gewöhnen, IHR den Preis zu erteilen, »der seltsamen Tochter Jovis, seinem Schoßkinde, der Phantasie«.

MEINE BIBLIOTHEK.

> *»Der Maler wollte den Knaben mit einem Kä-*
> *ficht malen, in welchem ein Vogel saß; aber*
> *dieser Vorschlag erregte seine ganze Mißbilli-*
> *gung − : ›Mit einem großengroßen Haufen*
> *Bücher müssen Sie mich malen‹, sagte er; ›oder*
> *ich mag lieber gar nicht gemalt sein !‹«.*
>
> (ADOLF STAHR, ›Lessing‹.)

Denn auch von diesem Gesichtspunkt aus betrachtet, scheiden sie sich sofort wieder in dieselben 2, nun schon bekannten, Gruppen : diejeni-
gen Dichter, die durchaus & in grader Linie vom
›Priester‹ abstammen wollen; und solche, die,
nach ihren geistigen Vormännern befragt, mür-
risch ›Hordenclown‹ angeben.

Daß der gemeine Mann die Druidennaturen
präferiert, und es für 1 der Kennzeichen des ech-
ten Genius erachtet, wenn er nie den Fuß in eine
Universitätsbibliothek setzt, ist ganz in der Ordnung; denn der Normalmensch ist träg, wirr &
méchant − wird also sein Lieblingsautor träg*er*,
wirr*er* & méchant*er* zu sein haben. ›Dichtkunst
sei‹, so heißt es in jenen Kreisen, ›eine Gabe‹,
(pff ! : I wouldn't have it as a gift !); am besten
lethelallig=automatisches, (was meist Apokalyp-
sen & anderes Aufgeregtes 3. Klasse ergibt); die

Niederschrift soll mit einer gewissen gesetzlosen Leichtigkeit erfolgen, (und der sich prompt einstellende, etwas vor=chaotische Habitus des Endergebnisses, wird als beabsichtigt deklariert). Für das Äußere dieser Sorte Dichter gilt die Regel der ›gepflegten Ungepflegtheit‹; also kuriose Kopf= & Halsmähnen; an der bloßen Tracht muß man erkennen können, daß ›hier was nich stimmt‹; und die ersehnte äußerste Umhüllung ist fast immer ein vergoldeter Rolls=Royce; (kurzum, ein reifer Idiot muß sichtbar werden. / Und gleich der andere (mein) Standpunkt : äußerlich & im Leben so unauffällig & retiré wie nur möglich, (wir haben doch wahrlich am Schreibetisch genügend Aufregungen !). ›Mythos‹ ? : das ist in meinen Augen so wenig ein ›allgemein Bedeutendes‹, daß es sich dabei vielmehr um die schematisierte, verarmte, gerupfte Reiche=Alltäglichkeit handelt. Und einen fleißigen Clown halte ich, im Vergleich zum Priester, für den beträchtlich interessanteren, auch tiefsinnigeren, (ja ehrwürdigeren !) Typ.

Aber das mag nach Herzenslust Geschmacksache sein. Beanspruche ich doch nur die Freiheit, Demjenigen, der mir ins Gesicht hinein behaupten möchte, daß STIFTER deutsch geschrieben habe, lusingando entgegnen zu dürfen : wie ich JOYCE's ›Odysseus‹ für das Buch des

Jahrhunderts ästimire – publizierte Zweifel sind immer schon 1 Stückchen Wissen; und wer in the long run das Gutenbergswürdigere geliefert hat, werden wir ja sehen.

2

»*Wer bereits auf Erden die Qualen der Hölle kennen lernen möchte, der verkaufe seine Bibliothek !*«

(ALEXANDER V. HUMBOLDT).

Er besaß ihrer nämlich 20.000 Bände, (TIECK 16, MENZEL 15, SCHOPENHAUER 10, DE QUINCEY 5, ich 3 odd); und ob der bloßen Zahl sproßt ja schon ein ganzes Dickicht von Erkundigungen auf; etwa

a) wieviel Bücher kann 1 armes Menschengehirn, wie es zur Zeit (ich meine biologisch) gebaut ist, überhaupt beherrschen=verwalten ? / Sehr großzügig gerechnet liest man ›mit Verstand‹ vom 5.–25.000. Lebenstage; d. h. pro Tag 1 Band angenommen (wiederum großzügig; das setzt Zeit & Lesebegabung voraus) könnte man 20.000 Bücher zu sich nehmen, (gleich 0,1 % der vorhandenen).

b) wieviel Bücher braucht ein Schriftsteller denn ? / Wer gebaut ist wie der Priester Johannes braucht imgrund überhaupt keine; in seiner Freizeit verkonsumiert er meist Krimis; (und

falls er wirklich mal ›Herpes Zoster‹ für 'ne grie-
chische Gottheit hält, tz, dann fällt das seiner
Leserschaft sowieso nich auf). Der Clown, der
sich von Übersetzen (Über=Sätzen) & lit.=hist.
Possen (Po=Szen'n) mühsam nährt, (so richtig
frei Rat=Schlagen kann er ja nur nach Feiera-
bend), der benötigt viele. In der Stadt, nahe
einer Großbibliothek, kommt er mit ein paar
Hundert aus; in ländlicher Abgeschiedenheit,
wo Autarkie zum Hauptgebot wird, (man *kann*
nicht tagelang 'rumreisen, das ergibt unange-
nehmste Hemmschuhe 2. Ordnung !), liegt das
Minimum, meiner Erfahrung nach, bei etwa 60
Metern Bücher, (rund 2 Tausend Stück; 3 dürften besser sein; man wird schließlich, lebt man
länger, zwangsläufig Spezialist für 1 Dutzend
Gebietlein).

c) wie setzt sich eine solche Handbibliothek
zusammen ? / Nicht daß mir das eigene Hüttlein
– 1 Morgen Haide drumrum; im schattigen Bir-
kenlaub wiegt sich die Fernsehantenne – nun das
Maß aller Dinge wäre; aber ›im Schnitt‹ wird's'o
sein : 30% Nachschlagewerke; 30% die Fremd-
sprache aus der man übersetzt; 30% Fachlitera-
tur zum erwähnten 1 Dutzend älterer Lieblinge
(es können aber auch Busenfeinde darunter
sein); und die restlichen 10% – tja, das sind eben
die geheimnis=vollen, bibliogenen, ›stomacha-

len‹ (ETA HOFFMANN) Bände, die man meist verschweigt : das kommt gleich.

d) wieso haben ›Priester‹ keine Bücher ? Ich denke da nur=ä . . . / Antwort : sicher; es gibt Fotos ›KARL MAY in seiner Bibliothek‹ – nur schade daß, wenn man mit der Lupe hinlinst, die Hälfte der splendiden Erbärmlichkeit aus seinen eigenen Freiexemplaren besteht; und ob er schon einen 12=bändigen PIERER besaß (man auch bloß so'n Drei=minus=Lexikon !), der restliche Blätterteig war pure Dekoration. (Zweierlei aus-genommen : ›Spiritismus‹ muß ihm anregend gewesen sein; und neulich bot mir ein DDR=An-tiquar einen Brief des Alten an, in dem ein ganzer Satz Säuglings=Literatur bestellt wird : ?). / Gibt es etwas Kümmerlicheres, ja Dämlicheres, als WILLIAM BLAKE's ›Marginalien‹ in die 5 Bücher, die er anscheinend im Lauf seines Lebens gelesen hat ? (Daß man deswegen getrost einen groß-mächtigen Bildband auf den BRD=Markt brin-gen dürfte, sei unsern Verlegern (ebenso titelarm wie tatendurstig) im Vorbeigehen angedeutet.) / Neenee : wer ›zeitlose‹ ›Gesänge der Irren‹ in ›erdachten Landschaften‹ als ›poetisch‹ schätzt, der muß andrerseits ›Wissen‹ für nüchtern zer-setzend unkünstlerisch erachten. Und wer lei-denschaftlich neue Dschungeln anlegt, kann Den nicht mögen, der alte zwar gar nicht abhaut &

ihre Stelle mit Beton überzieht, nein, wohl aber 1
Schneise für Lustwandler hineinschlägt & die
himmelstinkendsten Sumpflöcher dräniert : des=
wegen braucht die betreffende Gegend nämlich
nicht unbedingt häßlicher zu werden; (ja, viel=
leicht wird sie dadurch überhaupt erst schau= &
genießbar ?).

e) (mit nun schon boshafter Stimme) : die
Herren ›Clowns‹ also ziehen Bücher an sich, zum
Zweck des Kompilierens und Stehlens ? / Ant=
wort : bitte, lesen Sie weiter.

3

1.) »Was hat Euch immer mehr das arme Kind getan ?«
                                        (CANITZ, † 1699).
2.) »Was hat man Dir, Du armes Kind, getan ?«
                                        (GOETHE, * 1749).

›Wer von Wem ?‹ ist, wie man sieht, leider gar
keine Frage. / Der Opernfreund, der WAGNER's
›Meistersinger‹ oder LORTZING's ›Zar & Zim=
mermann‹ schätzt, sollte sich neben deren Text=
bücher einmal des (gern verachteten) KOTZEBUE
Doppellustspiel von den ›Deutschen Kleinstäd=
tern + Carolus Magnus‹ legen : wie nett &
aufschlußreich ist das nicht ›benützt‹ ! / Selbst
mit des großen EDGAR POE schönstem Stück in
der Hand der Herzseite, wird man fast stets in
der Rechten irgendein älteres Buch zum

(manchmal schier peinlichen) Vergleich halten
können : ›Das Eiland & die Fee‹ ?; da ist Diverses
aus MOORE's ›Lalla Rookh‹ durchgeschlagen.
›Methode Thaer & Fedders‹ ? : siehe TIECK, die
Stelle wo es steht. / Undsoweiter, etcetera, in infinitum.

Als Erstes sonach : genau so, wie der Umgang
mit Menschen, ja ›Das Ganze Leben‹ auf einen
Verfasser abfärben, *tut dies auch seine Bibliothek !*
(Heißt doch ›lesen‹ zuguterletzt nichts anderes,
als sich mit einem interessanten, oft sogar bedeu-
tenden Menschen gut unterhalten.) Immerfort
& überall bilden sich Materiebrücken, werden
Gezeitenkräfte wirksam, wird der un= oder
schlecht=benützte Einfall eines Vorgängers zur
Kraftquelle. Man sei jedoch, ich mahne ganz
ausdrücklich, nicht gleich mit dem, fast immer
allzu=groben ›stehlen‹ bei der Hand. Denn einmal eignet sich notorisch niemand mehr an, als
›Der Priester‹ (schon die Erzväter wußten, wie
man aus dem ›Gilgamesch‹ einen ›Sintflut=Be-
richt‹ nimmt); und zweitens unterscheide man ja
sehr genau zwischen den feinen aber deutlichen
Stufen etwa dieser Skala :

Zufällige Übereinstimmung

Kryptomnesie

absichtliches ›Anspielen‹, (ob parodierend, ob um
des schönen ›Echoeffekts‹ willen)

bedeutendes Ausbauen eines, vom Originator
selbst gering geachteten, 1=Zeilen-Einfalls, (Unterschied zwischen ›Eichel‹ und ›Eiche‹ !).

Umbildung, besser machende, einer gänzlich un-
ausgenützten, ja verpfuschten Episode, kann
Feines ergeben.

Entlehnung=Umschreibung hat meist auch noch
der ›Erklärungen‹ genug; (Jugend Erschöpfung
Not Alter).

Dann kommt allerdings die *hastig=freche Benüt-
zung, die's schlechter* macht, als das Original.

Und schließlich, leider, *das nackte Plagiat,* bei
dem Einem die Stirn fast unvermeidlich zum
Waschbrett wird; (man muß wohl schon lange
gelebt haben, um auch hier noch das tout com-
prendre zu praktizieren). –

Die meisten ›Klassiker der Weltliteratur‹ werden
erst verständlich & genießbar, wenn man sowohl
ihre Bio als auch ihre Lektur dahinterblendet :
wie nimmt nicht der so vergessene GUTZKOW an
Reiz & Tiefgang zu, sobald man sich in dieser
Richtung etwas bemüht. Demjenigen, der schon
beim bloßen Anblick von JOYCE's ›Finnegans
Wake‹ zu allen Marsen fahren möchte, wäre vielleicht nur Belesenheit zu empfehlen; wird doch
z. B. die S. 434 f. sogleich durchsichtig, wenn
man THORNE SMITH kennt. Wer FOUQUÉ so recht
begreifen will, hat einen Autor zu kennen, der

nicht mal in der ›Allgemeinen Deutschen Biografie‹ erscheint; GALLUS (1762–1807); es ist verrückt, zugegeben; aber es ist so. –

Wenn wir nur in jedem Falle wüßten, was die Autoren Alles so gelesen haben ! –

4

> *»In alten Büchern stöb'r ich gar zu gern –*
> *die neuen munden selten meinem Schnabel,*
> *(ich bin schon alt; das Neue liegt mir fern).«*
> (CHAMISSO, ›Alexandersage‹)

Eine Sonderstellung nimmt die folgenschwere ›Erste Lektüre‹ ein : *schlimmer als die erste Liebe !*

Gerade die noch objektleere & gleichzeitig gierig=schweifende Fantasie des Kindes fixiert sich unglaublich an frühe Vorlagen zu Gedankenspielen; die dann, nach der Melodie des ›on revient toujours‹, für's ganze Leben & Werk Grundwasser=Wert bekommen. »Der bloße Anblick eines Buches versetzt das mit Lesehunger behaftete Kind in eine Art von zitternder Begierde. Nur im Gedruckten, was es auch sei, lebt & webt das junge Geschöpf; die entlegensten Winkel werden aufgesucht, um die geliebte Speise in Muße verzehren zu dürfen; frühe Morgen= oder späte Abendstunden bringen keinen Schlaf in das nach den Lettern verlangende Auge«; (IMMERMANN). Eines der Stigmata Derjenigen, die

133

dazu bestimmt sind, dereinst im großen Stil Bücher zu emanieren; (korrekter : sich in sie aufzulösen). Diese ›Bücher der Kindheit‹ gilt es zu erkennen.

Das ist enorm schwer ! Die frühesten ›Bilderbücher‹ gehen meist verloren; und auch ansonsten walten hier die blöd=sinnigsten Zufälle : was den (oft total unliterarischen) Eltern zugelaufen ist; was man vom Schulfreund borgt oder von gedankenlosen Nachbarn; das ratlose ›Geschenk zu Weihnachten‹ (bei der ›Konfirmation‹ geht's *noch* stereotyper zu) – *wie* das Wort=Serum, mit dem das Kind entscheidend geimpft wird, ins Haus gelangt, ist geradezu unheimlich egal !

Zuweilen liefern die Dichter selbst einige Fingerzeige. / Bei den ältlicheren herrscht auffallend der ›Robinson‹ (ZSCHOKKE, JEAN PAUL, bis EULENBERG; bei noch Mehreren die ›Insel Felsenburg‹ : MORITZ, VOSS, GOETHE, OPPERMANN. COOPER ist seit 1840 ein Liebling; ob GOEDEKE, VERNE, HAUPTMANN, MOLO; ab 1890 verdrängt durch KARL MAY, (WERFEL, ZUCKMAYER, ZWEIG, i. i.; bei MAY selbst waren's die, damals in SUE's Nachfolge seuchenhaft grassierenden Hintertreppen=Schnulzen von 4000 Seiten). Sobald die Bibel genannt wird, ist's immer nur das AT; (das NT scheint die Bildkraft der Kinderseele mehr zu handicappen als anzuregen – auf der

›andern Seite‹ sind Schopenhauer's hahnebü-
chene Empfehlungen an Jugendlektüre von
wahrhaft transzendentaler Verständnislosig-
keit !). Zuweilen erfolgt die ›entscheidende Lektüre‹ auch erst in den Teens : wie überzeugend ist
nicht Tieck's Schilderung des Gefühlssturmes
mit dem er – in schwerster Spätherbstdämme-
rung, in einer Pappelallee, bei feinem kaltem
Regen, im Stehen – den ›Hamlet‹ verschlang;
(»'tis bitter cold to=night !«).

Hier, wo wir uns nur mit knospenden Autoren
beschäftigen, sei von dem therapeutischen Wert
jeglichen Gedankenspiels (das Wort kommt
schon bei Herder und Gaudy vor) abgesehen;
aber es treten eben literarische Folgen ein. Da
verspürt etwa Jules Verne den unwiderstehli-
chen Drang, sein Lieblingsbuch, Poe's ›Gordon
Pym‹ fortzusetzen; und sei seine ›Sphinxe de Gla-
ce‹ noch so höckerig ausgefallen, bedeutsam &
lehrreich bleibt das Faktum immer. Besäßen wir
nur noch Johann Heinrich Voss'ens umfangrei-
che Fortsetzung zur ›Insel Felsenburg‹; was würde seine Parafrase nicht alles aussagen; (weil
nämlich solch ›Längeres Gedankenspiel‹ nichts
als die Hohlform der den Spieler umgebenden
(meist einengenden) Realität ist; und ein klug
gemachter ›Ausguß‹ das feinste ›Portrait of the
Artist as a Young Man‹ ergibt !). Daß bei solch

gebundener Entstehung sich große Kunstwerke selten ergeben (viel öfter Tragelaphen und Jumarren), tut nichts zur Sache; wichtiger wird der Vorgang schon durch die, Leben & Werk aufschlüsselnden, Funde hingebend ›auf der Spur‹ gehender Detektive vom Amt für Literaturpsychologie; allbedeutend macht ihn die Einsicht, daß es auch im geistigen Leben der Gattung ausgesprochene ›Places d'Étoile‹ gibt, von denen generationenlang, nach allen Richtungen hin, immer wieder Lustwandler ausgehen – werden ja die meisten ›Dinge‹ ganz allgemein erst dadurch etwas, daß viele & möglichst bedeutende Individuen ihre Gedankenspiele damit koppeln. Dies die Erklärung der zahlreichen, gut=sichtbaren, weniger ›Reihen‹ als Knotengeflechte der Weltliteratur.

Beim ›Hund Berganza‹ ist's eine Reihe : Cervantes, Hoffmann, Gaudy. Die ›Hohlerden‹ dagegen haben etwas so weichselzöpfiges, daß ein Überblick noch nicht möglich ist. Schon die Fantasie primitiver Menschheit ist ja voll hohlster Berge, mit ›Horten‹ & schlaraffenländlichen Reichtumen, zu denen man sich durch mühsam=finstre Gänge hinzuarbeiten hat. Den Rattenkönig früher Märchen & Epen beiseite gelassen, lauten die großen literaturfähigen Stationen neuerer Zeit etwa : Holberg, ›Nils Klim‹; Ca-

SANOVA, ›Ikosameron‹; (STEINHÄUSER schaltet sich ein); 1863 gleichzeitig VERNE, ›Voyage au Centre de la Terre‹ und STORM, ›Regentrude‹ (ein reines Fruchtbarkeitsmärchen übrigens); und, immer weiter, über P. KELLER's ›Letztes Märchen‹, bis zu WERFEL's ›Wintergarten‹=Episode im ›Stern‹ (den ich übrigens nicht kannte, als ich meine ›Tina‹ schrieb).

5

> *»Hier standen Editionen, wertvoll, weil sie die ersten, und dort sah man wieder andre, nicht minder geschätzte, weil sie die letzten waren. Hier war ein Buch von besonderem Wert, weil es des Verfassers letzte Verbesserungen enthielt, und dort ein anderes, welches merkwürdigerweise viel galt, weil ihm solche Verbesserungen fehlten.«*
> (WALTER SCOTT, *›The Antiquary‹, Kap. III*).

Es scheint eine wahrhaft überirdische Aufrichtigkeit zu erfordern, aus seiner Cité des Livres heraus auch nur anzudeuten (schweigen wir von ›bekennen‹), »mit welchen Fasanen & Kapaunen man sein Bäuchlein gemästet«, (GOETHE; ein großer Mann; auch im Clowen). Dabei weiß jeder Schreibende, wie schwer es ist, eine ganz neue Lüge herrlich hinzustellen, (vornehmer : ein großes abgespaltenes Bewußtseinssystem zu schöpfern) – selbst ein JOYCE, der sich doch systematisch dazu erzogen hatte, Schulgrillen

möglichst nicht zu berücksichtigen, zollte dem
Gedächtnis der Menschheit rüstig seine Tribute;
denn ›Odysseus‹ und ›Wake‹ sind eben doch erst
durch FREUD & CARROLL möglich geworden.

Und da meine ich immer : Jeder berufsmäßig
Bücher Erzeugende, (dem früher oder später *doch*
›Untersuchtwerden‹ bevorsteht), sollte sich weniger auf Zungenküsse der Neune berufen; oder
den ›Wunderborn‹ in seinem allerhöchsten In-
nern; und auch Geschwafel von ›orientalischen
Geheimlehren‹ stärkt (wenigstens bei mir) seine
Po=Sitzion nicht, (Dem=seine Orientalen wären
ja verrückt vor Ehrfurcht geworden, wenn se'n
Fernsehapparat kichern gehört hätten !); vielmehr sollte er uns *ein Verzeichnis seiner Bibliothek*
hinterlassen; (nach dem † zu veröffentlichen : da
kann seine, manchmal vieles geduldet habende,
Witwe noch Geld damit verdienen; während er
sich an dem ihm zugewiesenen Orte befindet).
Parabel vom Schuppen : wenn der mir einzufallen
droht; und der Zimmermann, der sich die Chose
mal ansehen soll, anstelle des Handwerkszeugs
nur Redensarten von ›uralten Zunftgeheimnis-
sen‹ bei sich hat; auch auf meine Frage, wie er
sich die Erneuerung des Fachwerks nun präzise
denke, mir flüchtig=kokett ein »Eingebung, be-
ster Herr; Alles Eingebung« in den Nicht=Bart
wirft – tja, dann geleite *ich* ihn still an der Hand

zur Gartenpforte; und lasse lieber bei einer Konkurrenz arbeiten, die zum Dachstuhl solcher
Hypothesen nicht bedarf. –

PAUL ERNST hat seine Biblio in diesem Sinne
recht ordentlich angegeben; GOETHE ist sowieso
überdeterminiert; aus ›Briefwechseln‹ ergibt sich
immer einiges, (obschon nie das wichtigste; ›trust
a cat among cream !‹); im allgemeinen ist die
Forschungslage hier noch ganz unbefriedigend.
Leider ist der Spaltenraum ohnehin längst über-
zogen; sonst hätten jetzt *meine* Konfessionen be-
züglich Leseerlebnissen einzusetzen, und es stün-
den aparte Dinge zu erwarten – – aber halt !;
nein : dergleichen betriebswirtschaftliche Blind-
heit sei den Ministerien (Minus=Therien) dieser
Welt überlassen. Zumindest werde ich die (nun-
mehr ja doch unvermeidlich kommende) Zei-
tungs=Rundumfrage abwarten à la *›Bücher, die
mein Werk anregten‹*. Anschließend wird's in ein
schmuckes Taschenbüchlein zusammenge-
druckt, (gibt wieder Rubelchen). Jahre danach
dann, anläßlich etwaiger ›Gesammelter Werke‹,
könnte man's in 1 der Miszellenbände aufnehmen; (und das geht mir ja gleichsam noch ab,
daß man mich zur ›Miß Celle‹ machte !).

EDITORISCHE NOTIZ

In diesem Band sind erstmals diverse Aufsätze Arno Schmidts versammelt, die sich besonders deutlich mit der technischen, handwerklichen, didaktisch-vermittelbaren Seite des Schriftstellerberufs befassen – ein Thema, das sich freilich durch das Gesamtwerk Schmidts zieht und somit auch nicht durch die hier in chronologischer Folge gegebenen Texte umfassend oder abschließend dargestellt ist.

Die vorliegende Sammlung wird eingeleitet durch einen Text, der den Editoren der Arno Schmidt Stiftung bis vor kurzem noch als verschollen galt : die Urfassung des als »Berechnungen I« bekannten Essays. – Schmidt konzipierte ihn nach der Niederschrift seiner Erzählung »Seelandschaft mit Pocahontas« als erläuternden Anhang dazu. Laut dem von seiner Frau geführten Tagebuch fertigte er die Reinschrift des Essays am 10. 9. 53 und sandte ihn an den Rowohlt Verlag und an Alfred Andersch (Frankfurter Verlagsanstalt), die beide an der Veröffentlichung von »Seelandschaft mit Pocahontas« interessiert waren. Der Rowohlt Verlag wollte die Erzählung jedoch nur ohne den »Anhang« bringen, und die Frankfurter Verlagsanstalt lehnte schließlich (trotz Anderschs vehementer Fürsprache) das ganze Vorhaben ab.

Am 10. 11. 53 schickte Schmidt beide Typoskripte an Martin Walser, mit dem er durch dessen damalige

Tätigkeit als Redakteur beim SDR bekannt geworden war; Walser sollte die Texte nach Kenntnisnahme an Max Bense weiterleiten, dem Schmidt die »Pocahontas« widmen wollte. Walser bat Schmidt am 12. 11. 53 um Erlaubnis, sich den Text der »Berechnungen« abschreiben zu dürfen, was Schmidt ihm gestattete. Am 23. 11. 53 schrieb Walser Schmidt in einem ausführlichen Brief »ein paar vorläufige Bemerkungen« zur »Pocahontas« und zu den »Berechnungen«, aus denen Schmidt schloß, Walser habe den Essay nicht bzw. falsch verstanden. Schmidt am 27. 11. 53 an Walser :

». . . beiliegend eine Ergänzung zu den Berechnungen : deutlicher kann ich aber nun nicht werden ! Bin ich denn tatsächlich so unverständlich gewesen ? – Meine Frau sagt mir eben, ich sei es noch : dann stecken Sie also bitte den ganzen Silbensalat in den Ofen !«

Die »Egänzung« ist in den § 4 hinter das Wort »fixiert« (s. o. S. 10) einzufügen :

»Um den Unterschied zwischen den genannten »Umsiedlern« und der »Pocahontas« ganz klar zu machen, gebe ich noch nachstehend die weitere Unterteilung für meine beabsichtigte Versuchsreihe in dieser Form :

	I	II
a) Umsiedler	: Gerade Linie. Vorwärts.	Sehr schnell.
b) Pocahontas	: Hypozykloide.	Langsam.
c)	: Lemniskate.	Wechselnd (d. h. : langsam im Schnittpunkt).

d)	: Gerade. Rück- wärts.	Ruckweise.
e)	: Logarithmische Spirale.	Schneller werdend.
f)	: Punkt.	Drehend.
usw.		

Unter I ist hierbei die Bewegung der handelnden Personen im Raum angegeben; es ist ja ein fundamentaler Unterschied, ob man einen Ort z. B. rasch durchfahren *muß* (Umsiedler), oder ihn langsam in einer Hypozykloide umkreisen *kann* (Pocahontas) : im letzteren Fall sieht man ihn nämlich von allen Seiten, unter vielen Beleuchtungen, usw. Durch II wird das Verhältnis der Personen zur Zeit fixiert; im Falle b »hat« man nämlich eine ganz andere »Zeit« als in a (und es ist nicht nur eine Frage des Tempos !). Jedenfalls entsprechen die Fälle a–z jeweils ganz bestimmten Themengruppen, die sich von den benachbarten, (unter demselben Oberbegriff »Fotoalben« befindlichen), vor allem durch die angegebenen Kriterien I und II unterscheiden. – Wem solche Überlegungen zu abstrakt oder weit hergeholt erscheinen, möge zu seiner vielleicht unangenehmen Überraschung erfahren, daß ich meine Experimente bewußt nach solchen Prinzipien plane und durchkonstruiere; ein Ingenieur, der Brücken entwirft. (Wohlgemerkt : ich spreche hier nur von der »äußeren« Form; Satz und Rhythmus, Metapher und Wort werden weiter unten erläutert). –«

Bereits am 23. 11. 53 hatte Schmidt von Bense das Typoskript der »Pocahontas« mit Dank für die Widmung zurückbekommen. Von den »Berechnungen« ist im erhaltenen Briefwechsel Schmidt/Bense nicht die Rede; der Verbleib des Originaltyposkripts der »Berechnungen« ist bis heute ungewiß. – Jan Philipp Reemtsma erinnert sich, Arno Schmidt habe ihm Ende der 70er Jahre erzählt, daß er die »Berechnungen« umgeschrieben und erweitert hätte, nachdem er feststellen mußte, daß Walser und Bense die ursprüngliche Fassung nicht verstanden hatten. Dies sei einer der seltenen Fälle gewesen, in denen ein Autor in seinen eigenen Text »Wasser gekippt« habe.

Laut Alice Schmidts Tagebuch schrieb Arno Schmidt am 24. 1. 54 die »Berechnungen« »ganz neu«; am 18. 4. 54 ergänzte er diese nicht erhaltene Fassung um drei Zusätze; am 22. 10. 54 diktierte er seiner Frau die endgültige Fassung der »Berechnungen 1« in die Maschine. Dieser Text erschien erstmals (zusammen mit der »Pocahontas«) im Januar 1955 in Heft 1 der von Alfred Andersch im Luchterhand Verlag herausgegebenen Zeitschrift »Texte und Zeichen«.

Im vorliegenden Band erfolgt der Abdruck der Urfassung der »Berechnungen« nach der Walserschen Abschrift. Die Arno Schmidt Stiftung dankt Dr. Martin Walser für die freundliche Überlassung seiner Kopie.

Bernd Rauschenbach, März 1993

ENTSTEHUNGSDATEN UND
ERSTVERÖFFENTLICHUNGEN

Berechnungen (10. 9. 53); ungedruckt

Gesegnete Majuskeln (12. 8. 54); Hamburger Anzeiger, 16. 8. 54

Oh, daß ich tausend Zungen hätte ! (21. 1. 55);
Hamburger Anzeiger, 29. 1. 55

Man nehme . . . (15. 2. 55); Die Welt, 25. 5. 55

Die aussterbende Erzählung. (17. 2. 55);
Texte und Zeichen 2, April 1955

Vorsicht : Gesamtausgabe ! (19. 2. 55);
Nürnberger Nachrichten, 7. 3. 59

Nebenberuf : Dichter ? (23. 2. 55); Welt der Arbeit, 13. 5. 55

Die Brotarbeit. (2. 5. 55); Hannoversche Presse, 23. 2. 56

Die große Hebammenkunst. (5. 5. 55); ungedruckt

Die Handlungsreisenden. (22. 6. 55);
Texte und Zeichen 7, Mai 1956

Flucht vor dem Werk (20. 7. 55); Die Welt, 15. 8. 55

Dichter und ihre Gesellen. (29.–30. 12. 55);
Augenblick, 2. Jg., Heft 2, Mai 1956

Dichtung und Dialekt. (7. 2. 57); Fuldaer Volkszeitung, 7. 3. 59

Der Dichter und die Kritik. (8.–9. 11. 57);
Neue Ruhr-Zeitung, 15. 3. 58

Der Platz, an dem ich schreibe. (9.–11. 10. 60);
Deutsche Zeitung, 26. 11. 60

Ach, wie gut, daß Niemand weiß . . . !
(15.–17. 11. 63); Die Zeit, 17. 1. 64

Meine Bibliothek. (9. 4.–4. 5. 64); Die Zeit, 4. 6. 65